AI 可不可以當總統或法官？
機器人要不要繳稅？

思辨人類與人工智慧該如何共生

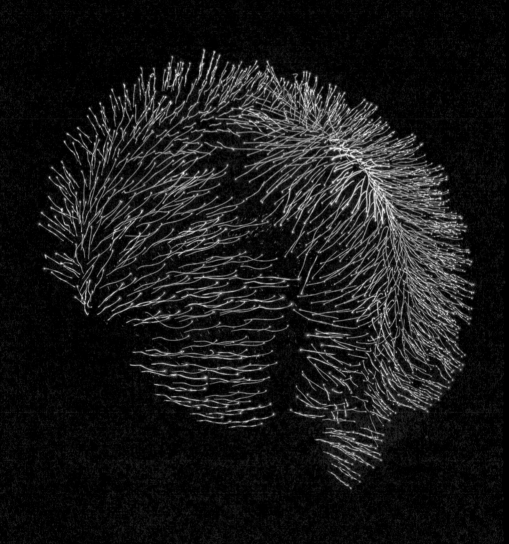

AI可不可以當總統或法官？機器人要不要繳稅？

思辨人類與人工智慧該如何共生

Will AI Replace Us?

A primer for the 21ˢᵗ century

作者◎范雪萊（Shelly Fan）
系列主編◎馬修・泰勒 Matthew Taylor
譯者◎余韋達

目錄

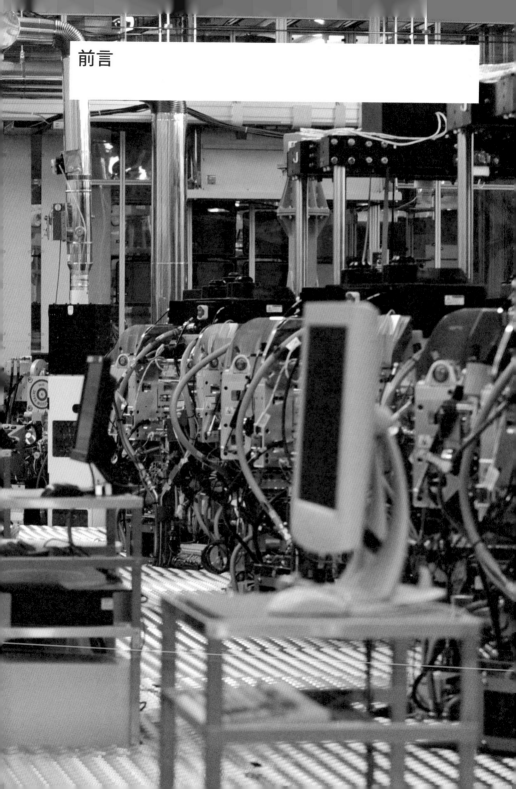

前言

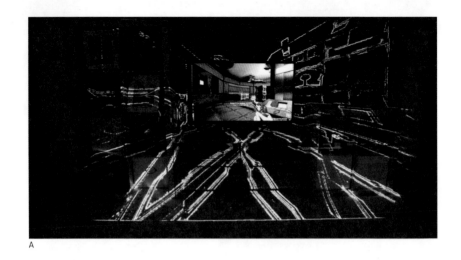

A

每當聽到人工智慧（Artificial Intelligence，AI）
這個詞，你的腦海首先會想到什麼？
是計畫要掌控世界、摧毀人類未來的殺人機器人？
或是沒有固定形體但帶著好意，
默默推動人類社會進步的力量？

人工智慧可說是最有人味的科技：
最初是源於想創造出模仿人類的機器的想法。
透過複製人類思考的過程，
以及向人腦學習並提取其精髓，
人工智慧得以日漸發展、演進。
到了今日，許多人擔心人工智慧將可能比人類更聰明。

無庸置疑的是，人工智慧在過去漫長的60年裡已有不少進展。
曾經，人工智慧只存在於科幻小說中，
而今卻已是日常裝置裡不可或缺的驅動力。
AI可用作個人的推薦系統：
好比網飛（Netflix）跟亞馬遜（Amazon）都仰賴自我學習的系統，
精準找到大家喜歡、想要，以及需要的物品。
人工智慧同時也是線上的雙眼：臉書（Facebook）的電腦
視覺系統會自動辨識用戶上傳照片中的臉孔，

即使這些臉孔可能因為陰影或拍攝角度的關係而模糊不清。

電腦規畫軟體也協助遊戲產業打造出更廣闊的遊戲世界，
為這個產業的蓬勃成長帶來貢獻。

而自然語言處理（Natural Language Processing）這項教導機器使用
人類語言（而非以程式語言）來與人類溝通的領域，
也有助谷歌（Google）輕易理解我們在搜尋時拼錯的字詞，
並找出相符的搜尋結果。

環顧四周，你會發現「智慧」設備早已無所不在。
Alexa 與 Google Home 在家中靜靜等著我們下達命令。
內建人工智慧的汽車與卡車已開始在道路上行駛，
而自駕車產業也準備要徹底改造運輸與物流業。
自動交易的演算法已經改變金融交易的遊戲規則，
也正在以人類交易員無法企及的速度交易股票。事實上，
這項技術已經普遍到我們往往不認為這些自動化系統也算是人工智慧。
有則人工智慧內行人的笑話是這麼說的：
「一旦機器能達成某項過去只有人類才辦得到的任務，
這項任務就不再算是智慧的指標。」
就如同美國人工智慧研究員派翠克‧溫斯頓（Patrick Winston）
所說：「在人工智慧變得更加重要之際，它也變得更不引人注目。」
而美國電腦科學家賴瑞‧特斯勒（Larry Tesler）有個更簡潔的說法：
「人工智慧就是眼前還辦不到的所有事情。」

A 此圖中驚人的擴增實境（Augmented
  Reality，簡稱AR）概念，是由微軟
  （Microsoft）的亮室計畫（IllumiRoom）
  透過 Kinect 的感測器以及投影機，
  將電視上的虛擬場景與現實生活中的客
  廳相互結合而成。

B 為了能安全在擁擠的街道中駕駛，
  自駕車需透過多個感測器蒐集資料。
  這些圖片是透過複雜的電腦視覺演算法
  來處理的影像，能分類路上的不同物件
  並標示出它們的位置。

Alexa
亞馬遜的虛擬助理
（virtual assistant），能使用人類語言
與使用者溝通，並與不同裝置整合，
以幫助使用者播放音樂及操控智慧家
電，例如調暗燈光或是調整恆溫器。

但在這樣的數位烏托邦背後，
卻有個黑暗的事實：人工智慧一如所有科技，
很容易被不當使用。

最近就有個令人不寒而慄的例子，
那就是人工智慧被指控影響2016年的美國總統大選：
有心人士透過人工智慧科技，
精準鎖定並影響特定選民的投票行為。
資料科學公司劍橋分析（Cambridge Analytica）就透過臉書
獲得超過8700萬筆使用者的個人資料來策畫密集的選舉宣傳，
鎖定可能被說動的選民，
並使用人工智慧預測可能取信於這群人的訊息類型。
類似的行為也發生在2017年的英國大選，
大量的機器人在投票前夕出沒在各個社群媒體平台，
散播不實訊息、影響民主的正常程序。
這一類故事同樣也發生在法國及世界各國不同層級的政府選
舉中。

A

劍橋分析

一間英國的政治顧問公司，
透過蒐集與分析數據助選。
客戶包含唐納‧川普（Donald Trump）
以及脫歐陣營。
劍橋分析於2018年3月1日宣布
破產並停止公司營運。

機器人

運行自動化任務的電腦程式，
通常具有結構化與可重複的特質。
在社群媒體上，
機器人可透過簡單的對話與網路使用
者互動。

假造新聞

俗稱「假新聞」（Fake News）。
假造新聞屬於宣傳活動的一種，
會散布不實資訊、陰謀論或社群媒體
和傳統媒體上不準確的報導。
假新聞通常很聳動且帶有政治目的。

百度

中國的搜尋引擎龍頭。
由百度所提供的產品服務與 Google
相似。

Duplex

Google 的數位助理技術的一環。
Duplex 可以理解複雜的句子和快速
的談話內容，並且能用自然的人類語
音而非電腦語音與對方溝通。

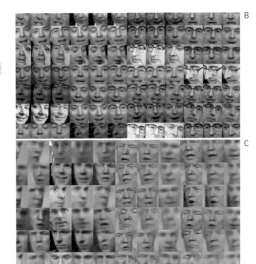

A　在 2018 年劍橋分析醜聞期間，馬克‧祖克柏
　　（Mark Zuckerberg）出席作證。這項爭議引發大
　　眾開始思考：社群媒體企業對使用者個人隱私應負
　　起什麼樣的責任。

B/C 只要提供足量特定臉孔的照片，由 DeepFake 所生
　　成的影片可將任何人的臉，逼真地接上另一個人的
　　身體。然而，這項演算法也很容易受到濫用：包含
　　用來散播不實謠言或陰謀論，並模糊事實與真相。
　　照片中是被用在各個假造影片中的川普。

假造新聞（Fabricated news）、隱私與
安全問題所帶來的隱憂不會就此消失：
當人工智慧系統變得更為複雜，
且不受檢查與管制的話，
濫用人工智慧的情形只會愈演愈烈。
在 2018 年初，中國 AI 巨頭百度（Baidu）
發表能複製聲音的人工智慧，僅需要一分鐘的聲音取樣，
就可以模仿任何人的聲音。換句話說，它具備用任何人的聲音說出任何話語
的能力。而像是能產出深度偽造（DeepFake）影片的開源科技，
因為可將任何人的臉置換到其他人的身體上，
所以一有人利用這項技術來假造知名女星入鏡的色情片時，
就引起一波要求禁用此科技的聲浪。
谷歌在 2018 年中推出的 Duplex 會用與人類助理相似到詭異的方式——
如發出「嗯」一類語助詞或停頓——讓講話的腔調更像真人在電話中的口氣。
上述這些案例還只是冰山一角。想像一下：如果某項暗中開發的人工智慧在
社會中被完美部署，那麼很有可能在事件發生許久後，
人工智慧曾遭濫用的事實才會曝光——前提是最終真有人察覺此事的話。

A

有人可能會說，這些已知的危險雖然很難解決，但還未到束手
無策的地步。讓民眾意識到有這些危險是找出解方的第一步，
無論是透過政府監督或是要求人工智慧研究人員
在公開透明的環境中自制，可能都是方法。

> 然而更值得憂心的，
> 其實是我們無法完全預料的那些層面：
> 例如與人工智慧本身發展相關的問題，
> 畢竟在某些領域，
> 人工智慧已大幅超越人類能力所及。

你或許就會讀到關於人工智慧已超越人類的新聞頭條。
在 2011 年，IBM 的超級電腦華生（Watson）
就在電視益智節目《危險邊緣》（Jeopardy!）
中擊敗兩位《危險邊緣》的菁英參賽者：
肯‧詹寧斯（Ken Jennings）跟布萊德‧路特（Brad Rutter）。
最近，DeepMind 的 AlphaGO 也成為首個擊敗圍棋
世界冠軍的電腦程式。

圍棋這種歷史悠久的棋類因其獨特的複雜性，
一直被視為無法用暴力破解（brute force）來取勝的棋盤遊戲。
DeepMind這間公司所設計的AlphaGo讓人類驚嘆不已，
因為它居然能透過自主學習學會新的策略。

而人工智慧的應用並不僅限於微不足道的遊戲中。
像是在癌症診斷上，人工智慧的例行表現已經超越放射科醫師，
甚至能比醫生還更精準診斷出包含心臟病、肺炎在內的疾病，
而這份可利用AI來診斷的疾病清單還在不斷增加中。
在運輸領域，雖然現在自駕車仍會造成零星重大的死亡事故，
但就安全性來說，表現仍算可圈可點。這類成功案例不禁讓人好奇，
若人工智慧能取代司機、醫生，以及名單仍不斷增長的各種藍領
與白領工作，人類之後的景況會是什麼樣子？
我們是否正在目睹人工智慧統治世界的開端？
而且在那樣的世界裡，人類已無足輕重？

華生電腦
這台超級電腦會在各式各樣的領域中
運用到人工智慧，其中包含醫療、
道路救援與教育（但不只限於這些項目）。

暴力破解法
一種解決問題的常見技術。
系統會列舉出所有的解決方案，並在找到
最終解答前，不斷檢驗各個方案是否可行。

DeepMind
這間公司是人工智慧的研究與應用方面
的世界龍頭。在2016年，他們開發名為
AlphaGo的強大人工智慧，並打敗了世界
圍棋冠軍李世乭。

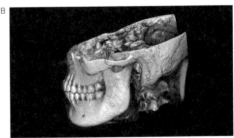

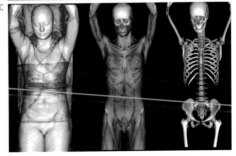

A 榮獲18次圍棋世界冠軍的李世乭被
  AlphaGo擊敗──證明了深度學習的威
  力。這種人工智慧能分析上千場棋局並建
  構出得以取勝的「直覺」。
B 透過電腦斷層掃描（CT）影像虛擬重建的
  顎骨。這種可自動產生3D醫療影像的方
  法，提供了重要的視覺化輔助，讓臨床醫
  師得以診斷並監測疾病。
C 利用OsiriX軟體取得的女性身體電腦斷層
  影像。OsiriX以及類似的醫學影像軟體能
  產生彩色的3D人體建模，提供不同深度
  的成像。透過這些動畫成像，外科醫生能
  更快速瀏覽相關資料。

科技奇點（technological singularity）的概念已引發激烈的辯論。
除了好萊塢的「殺人機器人」情節之外，
當今許多重要的理論家也警告：
人工智慧超越人類的時刻一旦來臨，
它們也會進一步對人類造成威脅。
伊隆・馬斯克（Elon Musk，1971-）這位創辦特斯拉（Tesla）
與太空探索技術公司（SpaceX）的美國連續創業家曾發表過
著名的言論：他將人工智慧稱為「人類的最大威脅」，
並把發展人工智慧生動比喻為「召喚惡魔」。
當代英國物理學家史蒂芬・霍金（Stephen Hawking，
1942-2018）則曾經警告：
人工智慧將成為「人類文明史上最糟糕的事件」，
而英國發明家克力夫・辛克萊（Clive Sinclair，1940-）
則相信能與人類智慧並駕齊驅、甚至超越人類的機器，
最終將毀滅人類。

但其他的專家則反對這類觀點。
例如臉書的馬克・祖克伯（Mark Zuckerberg，1984-）
就屬於對立陣營。他認為人類能經由良好的設計與選擇，
去維持對人工智慧的控制，進而增強人類的能力。2015 年，
史丹佛大學的研究小組透過「人工智慧的百年課題」一系列的研究，

A

A　2018 年，能表達情感的人形機
　　器人索菲亞在香港舉行的 RISE
　　科技大會上亮相。索菲亞利用電
　　腦視覺來模仿人類的表情、手勢
　　與舉止。

B/C　飛機駕駛可在飛行之前將航程資
　　料輸入自動駕駛的系統中。自動
　　駕駛這種科技在飛機於地表移動
　　過程中不會使用，但飛到空中巡
　　航時，開啟自動駕駛已是商用客
　　機的常規。波音（Boeing）所
　　提出的自駕飛機概念機，也是自
　　駕飛行器的案例之一。他們的目
　　標是打造出不需要人類介入就能
　　自動巡航的噴射客機。

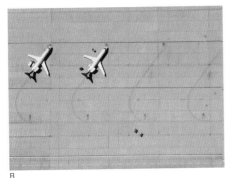

B

C

提出人工智慧對人類社會衝擊程度的檢驗報告。
這份報告指出，目前尚無跡象指出人工智慧已
對人類構成迫在眉睫的威脅。他們認為，
即使現今人工智慧已如此進步，
每個程式仍舊只為特定任務而特化。
主流的人工智慧科學家至今仍未嘗試
開發像人類一樣，能靈活、快速學習的機器智慧。
此立場陣營的人認為，就算科技奇點真的會到來，
也需耗時千年以上的時間。即使人工智慧能達到
（甚至超越）人類智慧的境界，
人類也可能會邁入人機共榮的新紀元。

但人工智慧真的會取代人類嗎？
要回答這個問題，我們得先了解
人工智慧是什麼、這個領域
怎麼一路發展至今，以及它正
如何影響我們的生活與社會。
同時，也需要理解現今人工智慧
所面臨的限制與議題。這樣
我們才能向前看，並且思考：

**人類與人工智慧究竟
難逃互相對抗的命運？
抑或兩者能攜手打造未來？**

科技奇點
此理論認為泛用型人工智慧
（Artificial General
Intelligence，
常簡稱為 AGI）將具備相當於
人類或超越人類的智慧，進
而觸發為人類社會造成未知
後果的劇烈科技進展。

特斯拉
專門發展電動車、自動駕駛
軟體與再生能源領域的美國
公司。

太空探索技術公司 SpaceX
開發出具前瞻性的可重複使
用火箭與太空梭的美國私人
航太公司。

人工智慧的百年課題
一份 2016 年發表的研究計
畫，簡稱「AI100」。此計畫
由史丹佛大學所領導，旨在
調查並預測人工智慧在未來
一百年內對人類社會可能產
生的衝擊。

1. 人工智慧的發展

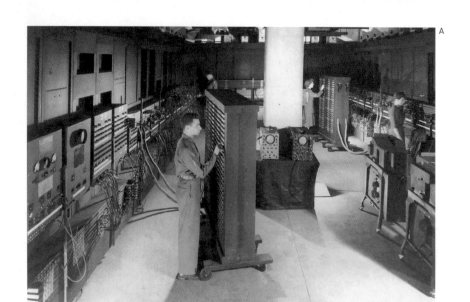

1956年的夏天，
10名對機器智慧懷抱興趣的科學家，
為了一場為期六週的工作坊在美國新罕布夏州的
達特茅斯學院（Dartmouth College）聚首。
活動是由美國數學教授約翰・麥卡錫
（John McCarthy，1927-2011）所籌備，
此工作坊的宗旨是希望研究出機器怎麼樣能模擬
人類智能的不同層面：包含感知、推理、做決定
以及預想未來的能力。他的核心假設是：
人類的思考與推論過程能用數學來描述，
因此無形的記憶、想法與邏輯思考
都能變成演算法的一部分，
就如萬有引力定律能用簡潔的方程式來表示那樣。

這群科學家抱著由強烈樂觀主義所助長的偉大夢想，
這一點正好反映在他們寫給資助本次工作坊的洛克斐勒基金會
（Rockefeller Foundation）的提案中：
「本次研究是基於以下推論進行的：『學習』這件事的各個方面，
以及智力的其他任何特性，統統都能精準歸納出原則，讓機器進行模擬。」
達特茅斯工作坊也被視為人工智慧的搖籃。
它為人工智慧研究者建構起普遍的框架，並造就一個全心投入於AI的社群。
許多參與工作坊的科學家，如馬文‧明斯基（Marvin Minsky）、
克勞德‧夏農（Claude Shannon）以及奈森尼爾‧羅切斯特（Nathaniel
Rochester）等人——以及其他更多人——
後來也成了為人工智慧的研究脈絡定調的重要人物，並持續影響至今。

知識能以邏輯表述的這種想法，
最早可追溯到公元前4世紀，
希臘哲學家亞里斯多德（Aristotle）發明出名為
三段論邏輯（Syllogistic logic）的邏輯推論方式。
三段論邏輯會透過一連串的前提導出結論，
而這結論通常會成為新的知識。
這種推論過程就跟解答數學方程式很相似，
因為都要以明確且按部就班的過程來進行。

演算法

在電腦科學中，演算法指的
是一連串定義流程的指令與
規則，能引導電腦進行運算
與其他解決問題的程序。

A 1946年，由美軍使用的
　ENIAC是最早用於一般目的
　的其中一部電腦。ENIAC的
　程式是透過扳動開關輸入一
　連串的數字來進行運算。
B 1966年，約翰‧麥卡錫使用
　Kotok-McCarthy這個程式，
　與俄國的理論與實驗物理研
　究所（ITEP）所開發的程式進
　行四場西洋棋對弈。這一系
　列對弈共耗時九個月，並由
　ITEP贏得最終勝利。

三段論邏輯

一種推論的形式系統，基於一連串的已知前提，進行邏
輯推論並得出結論。這些前提可以為真，也可以為假。

B

三段論邏輯也成為電腦科學以及人工智慧的核心思想。

在接下來的1000年，
不時會看到人類展露對開發自動化機器的興趣。
這些自動化機器包含印刷機、可移動的物件，
以及史上最早的量測儀器——時鐘。
到了16世紀，鐘錶匠也將他們的才華拓展到運用機械零件
製作出生動逼真的機械動物。

儘管如此，鮮少人對於電腦科學與人工智慧的核心概念有更進一步的討論。
直到17世紀，才有如湯瑪士・霍布斯（Thomas Hobbes，1588-1679）
以及笛卡爾（Rene Descartes，1596-1650）等思想家開始探究
「動物身體只不過是精密機器」的想法。在1651年出版的《利維坦》
（Leviathan）中，霍布斯就曾提出他著名的理論：「人類所具備機械式、
組合式的思考方式，就如同機器可結合不同零件獲得新的功能。」
在此同時，德國博學家哥特佛萊德・萊布尼茲（Gottfried Leibniz，
1646-1716）也推測，人類的推論能力可簡化為純粹的數學運算。
身為二進位制的堅定擁護者，萊布尼茲有先見之明地預測，
思考的機器特別適合使用以0跟1表述的二進位制。
因為二進位制數能完美呈現如「開與關」這類只有兩種狀態的系統，
同時能自然而然透過邏輯運算進行轉換：「開」等於「真」；「關」等於「偽」。
換句話說，二進位制可說是以物理符號表現邏輯思考最自然的解決方案。

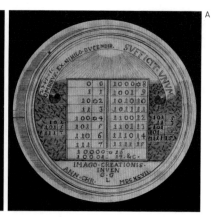

A

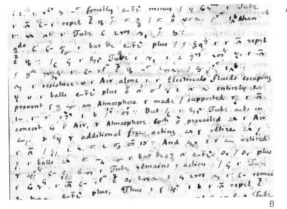
B

A 萊布尼茲在研究了二進位制之後，他設計出一枚獎章，上頭詳細地將上帝從無到有創造萬物的事蹟，與用0和1創造任何數字相互比較。

B 湯瑪士‧貝葉斯於1763年寫成的〈關於解答機率論的一個問題〉（An Essay Towards Solving a Problem in the Doctrine of Chances），直到他過世之後才由英國皇家學會於《自然科學會報》（Philosophical Transactions）刊出。貝氏定理可說是邏輯推理界最有標誌性的研究，現在也被廣泛應用在科學研究中。

《利維坦》
一部具影響力的政治專著，作者是湯瑪士‧霍布斯。全書書名為《利維坦：或教會國家和市民國家的實質、形式與權力》。本書的開頭檢驗人類的天性，並提出人類心智可單就物質面向來解釋，無需涉及非物質的靈魂。

二進位制數
以2為基數的計數系統中的數字。在此計數系統裡，只使用兩種符號：0跟1。二進位數最常用於電腦科學與數位電路中。

貝氏定理
一種可以描述事件發生機率的數學法則。貝氏定理基於先驗機率的可能性，進而預測出此事件的發生機率。

到了18世紀，
有眾多想法持續為電腦科學以及
思考機器奠定理論基礎。
其中最顯著的例子就是英國數學家
湯瑪士‧貝葉斯
（Thomas Bayes，1702-1761）
所提出的貝氏定理，
這個創新的法則能推論出
事件的發生機率。
時至今日，貝氏定理已成為
機器學習（machine learning）
所使用的強大工具之一。
就跟其他學習者一樣，
這類機器學習能依據過去的
經驗與新的證據，
進一步預測未來的事件是否會成立。
而這正是學習行為中重要的環節。

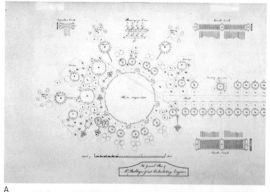

A

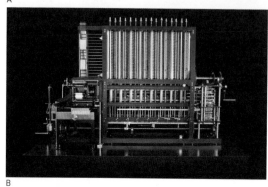

B

A 查爾斯‧巴貝奇
所設計的分析引擎。這台機器
可透過一堆排成列的齒輪
來做四則運算。
此概念機還配有穿孔卡,
可儲存運算的結果,
並也接受其他穿孔卡的程式。
巴貝奇1849年的設計很遺憾
未能在他有生之年實現,
甚至還被世人遺忘許久,
直至1937年才有人重新發現
他未出版的筆記。

B 差別引擎二號(Difference
Engine No.2)以巴貝奇分析
引擎的手繪草稿為基礎,
在153年後問世。
這台花了超過十年打造、
於2002年亮相的複製品,
是由8000個手工製的機械零
件組成,重達5噸,
寬度也有3.3公尺。

約在貝葉斯過世100年後,另一位英國數學家
喬治‧布爾(Georgr Boole,1815-1864)
將亞里斯多德的推論法加上數學的理論基礎再進一步延伸。
就如同萊布尼茲,布爾相信人類的思考受到法則的宰制,
而這些法則能夠以數學來描述。
在他1854年出版的《思考的法則》(*The Laws of Thought*)中,
布爾論證:解答數學方程式的過程需要運用推理,
而這套邏輯能夠以代數呈現。
由他發明的布林邏輯(Boolean logic)
是現代數位電腦邏輯的基礎,
因此布爾可謂電腦科學領域的重要創建者。

19世紀時,首座可由程式控制的機器也出現在人類歷史中,
其中包含由約瑟夫－馬利‧雅卡爾(Joseph-Marie

Jacquard，1752-1834）於1804年設計的雅卡爾織布機。
19世紀稍晚，查爾斯・巴貝奇（Charles Babbage）
與艾達・勒弗雷斯（Ada Lovelace，1815-1852）更提出
「分析引擎」（Analytical Engine）的機器概念，
這是一台程式化的運算機器，理論上可以執行任何一種運算。
數年之後，勒弗雷斯女士發表一系列為「分析引擎」設計的指令，
這些指令讓「分析引擎」能自動計算白努利數
（Bernoulli numbers）。像這樣的一系列指令現在稱作演算法，
而電腦程式就是由多個演算法所組成。
「分析引擎」的概念也代表人類社會朝向現代電腦邁出的一大步。

英國數學家亞倫・圖靈（Alan Turing，1912-1954）
或許可說是機器智能發展前期，最具影響力的
一位思想家。在他1936年出版的論文
〈論可計算數及其在判定問題上的應用〉
（OnComputable Numbers, with an Application
to the Entscheidungsproblem）中，
他提出一台形式簡單但虛構的「自動機器」裝置，
此機器後來常被稱為「圖靈機」（Turing machine）。
他與美國數學家阿隆索・邱池（Alonzo Church，
1903-1995）合作，提出了「邱池—圖靈論題」，
論證圖靈機理論上可用簡單的0與1的
數學符號進行所有運算。
如果思想可以簡化為數學的推論過程，
那麼機器就可能擁有人類的思考能力。

布林邏輯
一種數學的分支，使用符號去代表「真」或「偽」。布林邏輯不採用加、減和其他的代數運算，而使用像是「與（And）、或（Or）、非（Not）」等算符去執行邏輯推論。

白努利數
一串遵循特定數學特性的數字。這些數字能用方程式計算出來。前五個白努利數分別為1、-1/2、1/6、0以及-1/30。

圖靈機
一台虛構的通用型運算機器。只要一個問題能用演算法呈現，圖靈機就能完成任何可構想出的數學運算。

圖靈機的誕生讓思考機器的可能性提高許多。
它也成為當代電腦的核心理論概念。

1940年代後期圖靈在倫敦的英國國家物理實驗室工作，
當時他提出了首台「內儲程式計算機」(stored-program
computer) 的詳細文字說明。

但圖靈對機器智慧的最大貢獻是他1950年所發表的
〈計算機器和智慧〉(Computing Machinery and
Intelligence) 這篇有創見的論文。

在論文中，圖靈提出「機器是否會思考」的疑問，
並指出這個問題需要先有清楚且明確的認定，
才能繼續往下探尋問題的解答。

更準確地說，圖靈認為針對「思考」與「智慧」這兩個概念，
必須先提出細緻的定義才行。

這種遠見至今仍在人工智慧研究圈引起多方討論。

A

A 這座於第二次世界大戰期間打造的巨像電腦（The Colossus computer），被用來破解德軍最高指揮部所使用的羅倫佐密碼機（Lorenz cipher）。這台電腦常被視為是首座用於特定用途、可以程式控制的數位電子電腦，透過不同開關板以及超過1700個真空管進行運算。

B 約莫於1950年打造的電腦「王牌駕駛」（Pilot ACE）是早期的通用內儲程式計算機。這台電腦是以圖靈的原始設計圖為基礎所打造出的縮小版。

B

該怎麼定義智慧？圖靈提出的解決方案是透過一場稱為「模仿遊戲」（imitation game）或圖靈測驗的思考實驗。
根據這個測試，如果人類無法透過雙方對話分辨出對方是機器或人類，那麼這個機器就稱得上有智慧。
因此，這個實驗迴避了有關思考本質以及人類心智的哲學問題，更聚焦於可觀察到的行為的最終結果上。

圖靈最大的貢獻在於他對於可模擬
人類智慧的運算法則的探索，以及從演算法
對人類心智的模仿當中，得出有關人類心智的新見解。
而語言只是此實驗其中一種可能的媒介。

圖靈測驗對人工智慧這個領域帶來長遠、
重要且振奮人心的貢獻。
至今仍沒有程式能真正通過測驗。

圖靈這篇1950年的論文還提到其他概念，
也都與現在息息相關。舉例來說，
他相信與其打造成熟的成人大腦，
模擬孩童的大腦、再對其進行教育，更能輕鬆達致目標。
他也預期可能會有九種反對人工智慧的考量出發點，
包括宗教問題、思考機器潛在的負面影響，
以及機器的自我意識。這些遠見可說準確得驚人：
當年圖靈所提出的反對因素，
都在接下來的人工智慧發展中，不斷被人提出來討論。

內儲程式計算機
一種可用內建記憶空間儲存程式指示的電腦。現代的電腦統統是內儲程式計算機。

A

B

C

圖靈以及其他人工智慧先行者的各種想法，
在1950年代前期匯聚成一股力量，
催生出電子計算機，以及能感知與行動的初階機器人。
把這些四散各方的研究
整合為單一學術領域的時間也已成熟。
在這樣的背景下，麥卡錫於1956年的達特茅斯
工作坊中創造出「人工智慧」
（artifical intelligence）這個名詞。

A 約翰・麥卡錫是史丹佛人工智慧實驗室（SAIL）研究先驅。

B 菲爾・沛特（Phil Petit）與史丹佛人工智慧實驗室的同事比爾・彼特（Bill Pitts）和泰德・潘諾夫斯基（Ted Panofsky）合作，擊潰了雅達利在推出首款商業遊戲《太空戰爭》（Spacewar!）上的努力。

C 正在測試這隻液壓手臂是否能跟得上控制它的電腦。

D 史丹佛棚屋手臂（Stanford Rancho Arm）是最早期的機械手臂，並由義手改造而成。

E DEC PDP-10是當時史丹佛大學中很流行的電腦，具有雙處理器系統，並由史丹佛人工智慧實驗室的成員共用。

F 史丹佛人工智慧實驗室致力於提升機械手臂的表現，包含更強力與更快的液壓手臂。

在那個夏天，達特茅斯的科學家們開始全力探索該怎麼製造出能思考的機器。這看似過於天真的目標，在當時卻感覺唾手可得。人工智慧研究的首次黃金時代就此展開，時間約落在1950年代中到1970年代中期。在這段期間，許多人工智慧研究的關鍵利益也變得更明確且廣為人知。後來麥卡錫將此時期生動稱為「媽快看，我可以空手騎車！」（Look Ma, no hands!）的年代。這段時間的前期，人工智慧的先行者也花了許多時間，反駁各方認為機器無法執行特定人類工作領域的懷疑論者。

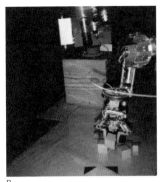

D

E

F

這種取向導致能在「玩具問題」(toy problems) 中運行的程式誕生，
而非催生出能在現實生活運行的程式。這些程式雖然有其局限，
但仍展現出機器的能力並不僅限於數字運算。
舉例來說，人工智慧研究人員就開發出不止能夠解答微積分，
還能回答IQ測驗中常見的類比推理問題的程式。

從普通旁觀者角度來看，這期間所開發出的程式十分驚人，研究人員也無比樂觀地認為他們能在20年內打造擁有全方位智慧的機器人。

玩具問題

在電腦科學裡，玩具問題意指真實世界問題的簡化版，目的是要讓科學家能測驗人工智慧演算法。雖然玩具問題不能即時發揮作用，但能夠描繪出與更複雜、有用的案例所共通的特徵。

雖然僅限於部分領域，
但這些程式也成為某些新科技的強大驅動力。
早期的成功案例「邏輯理論家」
（Logic Theorist），
就是首個運行人工智慧程式的示範作品。
「邏輯理論家」的團隊在開發程式時，
也發展出一套名為捷思法搜尋（heuristic
search）的流程，
通常能更快速找出解決方案，
即使並不是萬無一失。

```
EEEEEEEE  L           IIIIIII ZZZZZZZ    AAA
E         L           I            Z    A   A
EEEE      L           I           Z     A   A
E         L           I          Z      AAAAAAA
EEEEEEEE  LLLLLLLL  IIIIIII ZZZZZZZ     A   A

ELIZA > (PLEASE TYPE IN ALL CAPS) WHAT'S YOUR NAME DEAR ?
AMIT
ELIZA > HI, I'M ELIZA. WHAT DO YOU WANT TO TALK ABOUT ?
AMIT > CAN I TALK ABOUT MY PROBLEM ?
ELIZA > SURE...!
AMIT > DUE TO ON GOING EXAMS IN COLLEGE, I HAVE A LOT OF STRESS.
ELIZA > PLEASE RELAX A LITTLE. SLEEP WELL.
AMIT > THANKS FOR YOUR ADVICE.
ELIZA > NO MENTION.
AMIT > BYE
ELIZA > BYE AND KEEP IN TOUCH...
```

A

A 由約瑟夫・魏森鮑姆
（Joseph Weizenbaum）
創造的 ELIZA，會遵從
程式語言內的指令，
與使用者進行互動。
B 由史丹佛研究中心
（Stanford Research
Institute, SRI）研發的
薛奇機器人，搭載了電視
鏡頭、撞擊感測器以及
用於導航的三角測距儀。
薛奇機器人的硬體需事先
連結到電腦，才能規畫與
執行指令。

人工智慧的核心難題在於要如何利用有限的運算資源，
在合理的時間範圍內找出問題的解答。
但因為運算所需的時間與耗能
會隨著問題的複雜度提升而遞增，
所以有時找出最接近而非最完美的解答，
才是相對更有效率的表現。
而捷思法搜尋也以此概念為核心，
大幅拓展了電腦所能解決的問題種類。

在1960年代早期，瑪格麗特・馬斯特曼（Margaret
Masterman，1910-86）和她在劍橋語言研究小組的同事
透過語意網（semantic net）的方式，
成功地在機器翻譯的領域中有所突破。
而自然語言處理的早期研究也催生 ELIZA 這個著名的程式。
1965 年由麻省理工學院開發的 ELIZA
是個近似人類心理醫師的互動程式，
驚人的是，她的療程對使用者很具吸引力。

機器人薛奇（Shakey the robot）於1960年代末
初登場，它的出現也開拓了行動機器人的領域。
之所以取名為薛奇（譯注：原意為搖晃），

是因為它在執行任務時總會抖動。
這個搖晃的機器人也展現出邏輯
推理能藉由什麼方式，
與包含視覺在內的數位感官
相互結合，進而規畫與控制實體的行為。

AI玩家（AI gamer）也在這時期嶄露頭角。
當時的研究員認為遊玩策略型遊戲需要大量的策畫、
直覺、體驗以及解決問題的能力。換句話說，
也就是人類等級的智慧。
雖然像跳棋或西洋棋這類遊戲，
到了後來比想像中更不具挑戰性，
但這種在遊戲環境中
訓練與測試新人工智慧演算法的方式可謂十分有用。
亞瑟・山繆爾（Arthur Samuel）的跳棋遊戲程式
就是早期的成功範例，
它透過不斷與自己對弈提升能力
（這個流行的策略時常被稱為「自玩」[self-play]）。
許多人認為山繆爾這項發明也是機器學習的首次登場。
直到今日，「自玩」這個策略仍被Google的DeepMind
以及非營利組織OpenAI等機器學習的公司採用。

B   C

A 感知器一型（The Mark I Perceptron）是由康乃爾航空實驗室（Cornell Aeronautical Laboratory），為了實踐感知器的演算法而打造出的硬體。感知器一型是由法蘭克·羅森布列特訂製而成，可以透過連線的鏡頭所拍下的照片，學習如何分類20 x 20像素內的簡單圖形。這台機器有一塊控制板，能讓使用者改變輸入模式，使用電動馬達去更新人工神經元連結的強度，並將這些突觸權重儲存在一排特殊電阻中。

A

機器的感知器（Perceptron）也是在這段期間內研發出來的。
法蘭克·羅森布列特（Frank Rosenblatt，1928-1971）
於1958年發明出感知器，
這項技術能粗略以電腦運算去模擬生物神經元的運作：
神經網路是由多個獨立神經元連結而成，
這些神經網路也構成了學習能力的基礎。
感知器的發明開拓了運用腦神經科學來導引
學習機器的革命性發展。

這最初的簡單人工智慧演算法最終於1950年代啟發人工神經網路的發展。
集結多個人工神經元所組成的人工神經網路共分為三層：
輸入層、中間層與輸出層。透過三層的相互合作，
此人工神經網路能讀取、處理並產出結果。
不同層的人工神經元會透過突觸權重（Synaptic Weight）相互連結；
此權重是一組會隨著人工神經網路學習過程而改變的數字。

雖然這項技術在1970年代未受到太大關注，
直到反向傳播算法（backpropagation，或稱為backprop）的發明，
才讓此技術在1980年代末到1990年代重新受到重視。
在反向傳播算法出現之前，人工神經網路只能擁有一個中間層，
因為當時尚無有效方法改變多個中間層的突觸權重。
反向傳播算法則能讓研究人員打造出多個中間層的人工神經網路，
進而大幅提升人工神經網路學習更廣泛功能的能力。

直到今日，最先進的人工智慧網路架構已能在視覺、語音辨識、遊戲與辨識 X 光片方面與人類並駕齊驅。

第一波人工智慧黃金時代
最顯著的成功案例，
應該非「知識庫程式」（knowledge-based program）莫屬。
知識庫程式可調用事先寫
在程式中的大量知識，
以推理並解決複雜的問題。
最早的知識庫程式案例幾乎都是
專家系統（expert system）：
這些程式擁有特定領域的專業知識。

舉例來說，1967 年開發完成的丹卓爾程式
（Dendral program），
就能協助有機化學家解釋有機化合物的質譜
（mass spectra）。
而這也是第一個成功用來做科學推理的
知識庫系統。
因為此系統的主要功能是在限定的環境中
辨識出問題的解法，
所以後來也被企業用於財務規畫上。
同年，知識庫系統也被用於數學與
西洋棋領域的開發。
諸如 MYCIN 與 CADUCEUS 等系統進一步
展現了人工智慧在醫療診斷上的潛力。
專家系統可說是人工智慧領域中
最早實作成功的案例，
這也讓投資者與研究人員
對人工智慧的未來抱有更高的期待。

反向傳播算法
能向人工神經網路中的各個人工神經元分派錯誤訊號的數學法則。此技術能幫助人工神經網路做出正確的回應並減少錯誤。

質譜
由化學分析而產生的一種圖表。質譜能描繪出分子的某些特性，通常用於分辨在液體或混合化合物中的分子。

MYCIN
早期的醫學專家系統，能使用人工智慧辨別感染與凝血異常的疾病。這套系統能夠辨識出導致嚴重感染的細菌類別，同時能推薦適當的抗生素以及使用劑量。

CADUCEUS
這套醫學專家系統是基於 MYCIN 技術開發而成，能夠辨別超過一千種不同的疾病。

這時的人工智慧看似勢不可當。

然而，到了1970年代，因為愈來愈多問題不斷浮現，
最終迎來了首次的「人工智慧之冬」。
其中一個問題與硬體相關：
電腦的記憶體與處理速度無法跟上人工智慧演算法
日漸增加的需求，因而阻礙測試新想法的可能；
有些問題來自於「組合爆炸」（combinatorial explosion），
也就是用來解決現實世界問題的程式
會需要超乎負荷的時間來進行運算。
因此，在簡化版的「玩具問題」中可以實行的解決方案，
無法直接按比例放大、應用在現實世界的問題上；
而在電腦視覺與自然語言的領域，
程式也必須輸入巨量來自真實世界
的資訊才能完整運作。

但在當時，尚無法打造出足以提供
大量資料的資料庫。另外的問題則
來自過度仰賴真偽的二元系統，
以及處理不確定性的方法欠佳。
像這樣的早期系統，
無法產出複雜度高且有用的應用程式。

人工智慧之冬
形容人工智慧史上的某段時
期——對於人工智慧的興趣與
投資都在此期間內下滑，進而
減緩發展速度。至今發生過
兩次人工智慧之冬，分別為
1974-1980年間以及1987-
1993年間。

組合爆炸
隨著環境複雜度增加，問題的
難度也會呈指數型成長。人工
智慧領域的重大困難就在於如
何有效降低複雜度，以減少解
決問題所需耗費的資源與時間。

第五代電腦系統
這個計畫由日本國際貿易與工
業部（譯注：現經濟產業省，
負責事務大致等於台灣的經濟
部）所資助。從1982年起，此
計畫旨在開發出與現今超級電
腦效能相等的電腦。並且希望
這些新世代電腦能夠成為發展
與測試人工智慧的平台。

A

A 一如大型電腦
  Burroughs這種具
  備磁帶捲盤機控制
  台的電腦在1970年
  代非常流行。這條
  Burroughs企業的
  主機電腦產品線，
  共有高階、中階與
  入門三種機型，不
  同機型也使用不同
  的程式語言。
B 被稱為「電子城」的
  東京秋葉原區域，
  於1980年代起，有
  許多店家在此販售
  家用電腦與零件給
  專家與業餘愛好者。
  秋葉原的商機至今
  依舊生生不息。

B

1970年代一系列毫不留情的報導，
詳細討論了上述問題，
同時也澆熄原先瀰漫在人工智慧研究領域的樂觀精神。
因為人工智慧研究人員無法滿足不合理的期待，
這個領域反而成為自身爆紅與泡沫化的受害者。
在主要政府機關因缺乏進展與實際成效而感到沮喪之際，
投入相關領域的資金也隨之枯竭。

而日本可說是結束人工智慧之冬，
開啟第二次人工智慧黃金時代的關鍵角色。
在1980年代早期，
日本投入大量資金發展第五代電腦系統計畫。
其目標是要大量打造平行運算的設施，
以成為有助發展強力人工智慧程式的硬體平台。

A

好的老派人工智慧

一種概括性術語（umbrella term），用來涵括仰賴運作符號與規則的人工智慧演算法。這種方法在專家系統中可說已達極限。

決策理論

研究在不確定條件下決策的邏輯與數學。其結果會提出基於預期得失而做出的最佳選擇策略。

與此同時，
蘇聯也開始展現對未來世代的電腦與
人工智慧的興趣。
蘇聯此舉讓美國注意到自身的
科技實力可能在不久之後會被超越。
為了對抗蘇聯，一群美國的企業跟研究人員
重新燃起對人工智慧的研究熱情，
而美國國防部也著手推動長期
且大型的行動計畫，
例如自駕車與自駕坦克等
人工智慧系統的研發。

1980年代，我們見證到專家系統再一次的爆炸性進展，
主要因為當時預設：使用大量不同數據的能力，是智能思考的先決條件。
世界各地的企業也投入大量心血開發並部署上百種專家系統。
然而這些新世代的專家系統很快就遇上麻煩：在面對真實世界問題時，
小型系統明顯會受到運算能力的限制，
然而大型系統卻十分昂貴、不實用且笨重。
到了1980年代末，第五代電腦無法達到原先的期望，
而大家對專家系統的興趣也減弱了，第二次人工智慧之冬就此降臨。
有些人工智慧研究人員甚至開始迴避使用如「機器人」或「人工智慧」等詞彙，
擔心這樣會有礙他們獲得補助的機會。

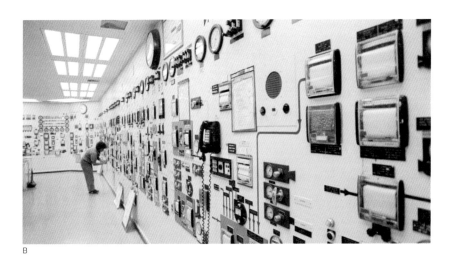

B

1990年代，由於有人認為「好的老派人工智慧」
（GOFAI）並不適宜打造智慧系統，
所以又引發一波期待人工智慧復興的浪潮。
因為GOFAI特別容易受到變化的影響：
只要對原始問題做些許改動，或者是修改初始設定，
就可能導致專門為此問題而訓練的演算法無法運作。
愈來愈多的人工智慧研究者開始拋棄專家系統與GOFAI，
轉而採用更能應對變化的演算法。
本書第2章也會有對這些演算法的介紹。

除了上述的概念轉移，相關研究人員也理解到：
許多人工智慧嘗試解決的問題，
在包含數學、經濟學與理論神經學等領域中，
都有人在進行相關研究，
也因此促使愈來愈多高層次的跨學科合作。
例如機率和決策理論的觀念
就被帶入了人工智慧的研究領域，
精準的數學描述也被用來開發機器學習的演算法。
對人工智慧發展遠景的樂觀態度也逐漸回復。

而網際網路的廣泛應用，
也預示了人工智慧研究的新紀元。

A 於1976–1980年間建成
的莫茲薩默核電廠（The
Metsamor Nuclear Power
Plant）至今仍在運轉。這
座核電廠近期因為缺乏反
應爐安全殼且位於地震帶
而飽受爭議。

B 位於美國華盛頓州漢福特
（Hanford）的一座鈽鈾萃
取廠，得利於電腦儀器面
板，能以工業化生產規模
製造出核燃料。這座萃取
廠於冷戰期間更進一步擴
大，並在1987年完全除役。

A

深藍
以 GOFAI 為基礎開發
出的西洋棋機器人。電
腦會使用暴力破解法來
規畫每一步棋。

網路爬蟲
一種網路機器人,能夠
有系統蒐集網路上的資
訊。這些網路爬蟲通常
會用來為搜尋引擎建立
網站或網頁的索引。

**美國國防高等研究計畫
署大挑戰**
由美國國防高等研究計
畫署所資助的競賽,宗
旨是要鼓勵自駕車的研
發。

圖像網
這個圖像資料集不僅包
含照片,同時也包含描
述此張照片的多個關鍵
字或短語。由史丹佛大
學李飛飛博士所開發的
圖像網,是首先就電腦
視覺研究對資料的大量
需求而設計出的資料庫
之一。圖像網讓研究人
員得以測試日漸複雜的
演算法在索引、檢索、
組織及注釋多媒體資料
等方面的表現。

深度學習
機器學習中很流行的分
支,能運用得自於人腦
概念的多層次人工神經
網路。

隨著硬體性能及可運用的資料大幅成長,
在很多層面也都能看出人工智慧的顯著進展。
舉例來說,1997 年 5 月 11 日,IBM 開發的
深藍(Deep Blue)在眾所矚目的比賽中,
成為首個擊敗西洋棋世界冠軍蓋瑞・
卡斯帕洛夫(Garry Kasparov)的程式。
同年,美國太空總署(NASA)在探路者
計畫中也採用首台自動機器人探測器。
網路爬蟲則是讓 Google 以及其他搜尋引擎
於 1988 年前後躍上了世界舞台。

2005 年,人工智慧再度向前邁了一大步。
史丹佛大學的自駕車史丹利在「美國國防高等研究計
畫署大挑戰」(DARPA Grand Challenge)中取得勝利,
無人車的概念成為龐大商業利益的寵兒。
2009 年,由史丹佛大學所啟動的圖像網(ImageNet)
儲存了大量可供電腦學習物件辨識的視覺資料,
也幫助 AI 研究人員經由足量的資料,進一步開發
多層次人工神經網路。2012 年,電腦視覺領域
迎來了前所未有的突破:在圖像網的協助下,
深度學習(deep learning)這項革命性技術得以展開。
自此之後,人工智慧領域的發展便已勢不可當。

人工智慧的下一步會是什麼？

一如人工智慧波折的發展史所示，
我們可能正處於又一次的人工智慧泡沫化當口。
然而，與先前的繁榮期相比，
這次的人工智慧熱潮有個重大的不同，那就是商業化。
如今，人工智慧研究的進展能迅速轉為商業用途。
這一股趨勢吸引公司行號在前端基礎研究上投入資金，
因為他們判斷這些基礎研究將能帶來重要的商業突破。
目前也已經有成功的先例：Google 翻譯靠著谷歌大腦
（Google Brain）所開發的演算法，
使得譯文的精確性大幅提升。
2016 年，谷歌宣布要以人工智慧技術為核心進行重組，
包含臉書、蘋果、亞馬遜、微軟與百度在內的企業也紛紛
效仿。

今天，我們可以看到人工智慧領域
正在發生典範轉移，大家開始將人工智慧視為
解決問題的工具，而非培養智能思維的方式。
此情形足以形成一股動力：相關產業正受到激勵
而投入大量資金，以求在人工智慧競賽中領先群倫。

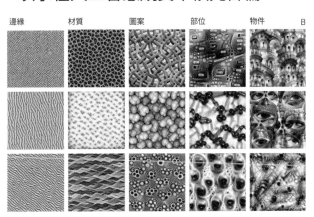

A 1999 年，谷歌將公司搬至帕羅奧圖（Palo Alto），展開它組織世界資訊的旅程。

B 特徵可視化的技術讓研究人員能看出如 GoogLeNet 這類深度神經網路，是怎麼透過多層次架構去理解圖片。深度神經網路會先檢測圖片的邊界，然後一步步提取資訊，直到它從中探測到物件為止。

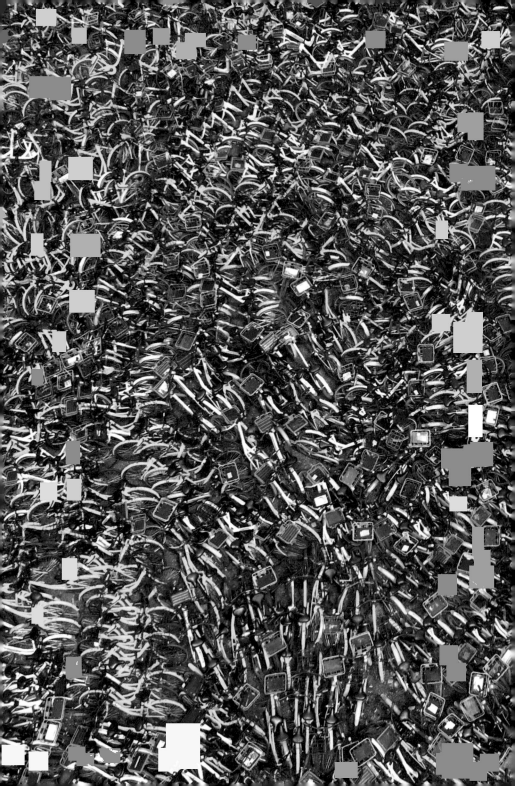

2. 現今人工智慧能做到什麼？

AI科技在現今生活中已十分普遍。

多虧有那台會學習的溫控器 Nest，
一般的科技愛好者可以在舒適的室溫中醒來。
而他開車上班的過程也變得相對輕鬆，
因為 Google Maps 會幫他預測路況並縮短通勤
時間。工作的時候，蘋果電腦的郵件應用程式會
自動提供郵件的建議回覆以及拼字檢查，
以降低錯誤回覆的機會。到了晚上，
他打開 Netflix 並決定舒服地欣賞
由系統推薦的節目。
人工智慧已透過上述方式，幫助這位科技愛好者
在交通、工作以及生活上省去不少麻煩。

2018年5月，美國知名市調公司蓋洛普（Gallup）
針對3000名美國民眾所做的調查指出，

B

約有85%的美國人會運用內建人工智慧的產品，
如導航系統、串流服務以及交通共乘應用程式。
因此，人工智慧成為某些矽谷公司
背後的成功推手，也就不足為奇了。
確實，現今人工智慧的應用方式已多如繁星，
我們很難去全面地檢驗此科技。在第2章，我們將
專注在幾個人工智慧的影響已明顯可見的領域，
同時檢驗這些應用方式使用到的科技與演算法。

A/B 這兩張由喬恩·拉夫曼（Jon Rafman）所攝的街景照片，也是他線上攝影展《九眼》（9 Eyes，2009-）的一部分。Google2007年推出的「街景服務」提供世界上許多街道的全景。該服務也持續擴展並收錄鄉村地區的街景。這些圖像也形成變動中的文化與社會的縮影。

過去20年，「機器學習」無庸置疑為
人工智慧領域帶來了最大的貢獻。
程式能從大量資料中學習如何改善特定任務的表現，
這件事已是AI領域的典範。跟傳統的程式不一樣，
這些會學習的演算法（或稱為學習器 [learner]）
已非工程師寫死的程式碼，而是經由訓練而來的產物。
這種演算過程不再遵循由人類寫成的程式碼——
一種規則導向、由上而下的方式——以進行運算並處理資訊。
這些強大的演算法會由下而上、從基礎學起——不是向人類，
而是向資料學習。這些學習器不再使用既有法則進行演算，
而會仰賴統計資料。

因為機器學習這項技術，
人類離真正的智慧機器又更進了一步。

自我學習程式的崛起，某部分要歸功於更便宜、可靠的硬體，
而且這也讓打造以真實世界的資料來驅動的系統得以實踐。
這些程式不斷增強蒐集、儲存以及處理大量資料的能力，
也進一步讓透過大量資料模型導出解決方案的學習演算法成真。

雖然常被視為單一學科，但機器學習事實上是個概括性術語，
其中包含為了解決特定問題的各式各樣統計學策略。
雖然許多機器學習的演算法都奠基於能智慧思考的人類
使用的高度直覺，但機器學習只會牽涉到技術層面。
機器學習領域並不會處理如「機器會思考嗎？」
或是「機器有意識嗎？」等哲學問題，而是希望透過機器學習，
就能精準將人類處理事物的特定方式複製到電腦中，
如此一來這些程式便可成為解決問題的有效解方。
機器意識的討論暫時還不是重點，
因此當使用者跟人工智慧助理對談時，
演算法並不會有意識地理解對話的意義。
這些數位助理只會不帶感情地解析文字、字詞與句子，
進而讓演算法能夠執行「上網搜尋天氣預報」之類的語音指令。

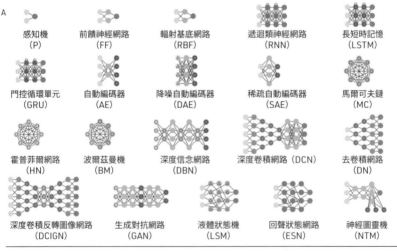

A

感知機
(P)

前饋神經網路
(FF)

輻射基底網路
(RBF)

遞迴類神經網路
(RNN)

長短時記憶
(LSTM)

門控循環單元
(GRU)

自動編碼器
(AE)

降噪自動編碼器
(DAE)

稀疏自動編碼器
(SAE)

馬爾可夫鏈
(MC)

霍普菲爾網路
(HN)

波爾茲曼機
(BM)

深度信念網路
(DBN)

深度卷積網路（DCN）

去卷積網路
(DN)

深度卷積反轉圖像網路
(DCIGN)

生成對抗網路
(GAN)

液體狀態機
(LSM)

回聲狀態網路
(ESN)

神經圖靈機
(NTM)

- 輸入細胞
- 反饋細胞
- 噪音輸入細胞
- 隱藏細胞
- 機率性隱藏細胞

- 脈衝隱藏細胞
- 輸出細胞
- 比對輸入的輸出細胞
- 循環細胞
- 記憶細胞

- 差異記憶細胞
- 核心
- 卷積或資料池

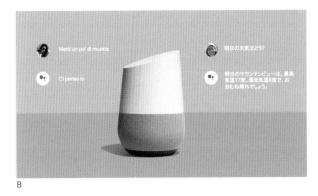

語音辨識
人工智慧底下的子領域，主要目標是開發出讓電腦辨識語音並轉譯為文字的方法。

神經迴路
神經迴路由大腦中大量相連結的神經元組成，在執行特定行為時會被觸發。

B

消費者跟Siri等語音助理交談的這種過程，
會觸發兩個步驟。首先，Siri會啟動語音辨識的AI系統，
將不精準的說話內容轉錄為明確的文字檔。
這個步驟非常有挑戰性，因為隨著所在地區或性別的不同，
人在說話時會帶有截然不同的音調與口音。
為了確保語音辨識的人工智慧能適用於所有使用者，
系統會採用稱為深度學習
的機器學習技術去解決難題。

A傳約朵・范・維（Fjodor Van Veen）整理的〈最完整的神經網路圖表〉。在神經網路中，組織與連結單一神經元的方式有很多種，舉凡最簡單的感知器到更複雜的結構都是。這些「架構」控制了運算流程，並不斷創造新變化，進而達到成功率最大化、耗時最小化的目標。

B 2018年，Google的數位助理開始提供多語服務，讓使用者能在同一則指令中混用不同語言。

深度學習現已成為驅動
機器學習的重要動力。
此技術的根源是人工神經網路——
受生物神經迴路
（biological neural circuit）
這種人類思考時仰賴的生理結構所
啟發。深度學習技術的巨大成功，
在幾乎所有的AI應用中都顯而易見，
舉例來說，深度學習已讓多數程式
的錯誤率大幅降低到10%以下。

使用者的語音一經轉錄成文字，Siri就會解讀文字所要表達的意圖。此步驟得益於自然語言處理（natural language processing）演算法——也是經過數百萬次的範例訓練而來。人類的語言往往不精準或語意不清，所以Siri需要具備大型資料集，才能掌握並理解語句的各種變化，進而解讀含義。儘管如此，深度學習的強大之處便在於：只要給它足夠的範例，自然語言處理系統就得以了解談話內容、分析語句的觀點，並自動將其翻譯成另一種語言。

另一種常見的AI應用則可見於個人推薦系統。
以下四間看似大相逕庭的公司，
都採用了人工智慧的個人推薦系統：
影音串流服務商Netflix、網路購物平台Amazon、
社群媒體平台Facebook以及搜尋引擎公司

A

A 2017年，於日本千葉縣所展出的全像投影（hologram）虛擬助理初音未來。
B 將大型電影資料集可視化後所產生的影像（左）以及資料集中的連結。（右）這是克里斯‧海佛勒（Chris Hefele）獲得Netflix大獎作品的一部分。

自然語言處理
人工智慧底下的子領域，能幫助電腦理解、翻譯以及使用人類語言，通常會需要大量的資料。

情境式行銷
進行線上自動化廣告的方法之一，可基於網頁瀏覽紀錄或特定的搜尋字串去鎖定目標使用者。

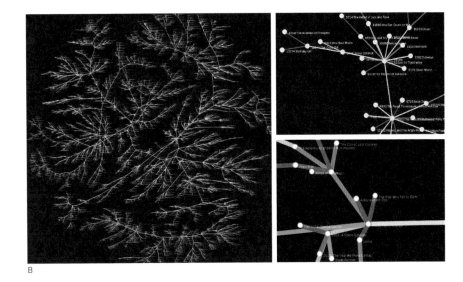

B

Google。雖然這些公司提供的服務種類不同，
但所使用的人工智慧系統基本上執行的是
很相似的任務：擔任資訊守門人。

這些公司利用機器學習去預測哪些資訊要顯示給特定使用者。
如今，個人推薦系統廣泛應用在藉由人工智慧來客製化書籍
或電影的推薦，並提供個人化搜尋結果。
這些系統也會用在情境式行銷（contexual marketing）
以及線上交友服務中。

這些人工智慧的應用本質上會盡力提供有意義的推薦，
即使存在著不確定性。舉例來說，
Amazon可能會根據之前的購書紀錄推薦你一本書，
就算對你的閱讀偏好沒有絕對的把握。
其中會透過兩種互補的方式進行：
首先，系統會根據使用者的歷史紀錄，
以及其他使用者先前的類似決定，建立出這位使用者的品味模型。
Amazon主要將這套技術用於從消費者的購買紀錄來判斷應推薦哪件
商品。Facebook跟商務社群網站領英（LinkedIn）則使用類似的系統，
為使用者推薦、媒合朋友或職業。

接著，這套技術就靠人工智慧從商品中提取出幾項特徵，
以建立此產品的檔案（profile）。然後系統會找出有相似檔案的物品、
預測每個特徵對某位特定使用者的重要性。
影評網站爛番茄（Rotten Tomatoes）與音樂推薦應用程式潘朵拉電台
（Pandora Radio）都分別使用這個方式推薦電影跟音樂。

對這些系統而言，不確定性是很核心的問題：
因為系統往往無法擁有商品屬性或使用者偏好的完整檔案，
因此需要估算出使用者會對推薦感到滿意的機率。
這種時候，那些很流行且基於貝氏推論（Bayesian approach）的演算法就
特別管用。這些演算法能讓某項假設的可能性不斷更新，在獲得新資料後，
也就能調整某位使用者可能會喜歡某部電影或某首歌的機率。
這是極強大的做法，有助人工智慧從分散且混雜的資料中找出有用的知識。
例如說某位使用者可能曾買書當禮物，這樣的行為就會對建立
他的品味模型帶來雜訊。透過貝氏推論，人工智慧就能
從不完美的資料中充分學習，並與人工神經網路等演算法相互結合成
「超學習器」（meta learners），進而得到最佳結果。

用人工智慧來對使用者進行推薦，
已發展為蓬勃的產業。

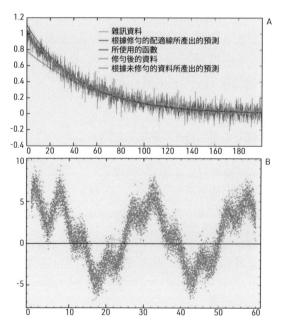

貝氏推論
一種使用貝氏定理的推
論方式，能夠基於新的
證據來更新假設的機
率。這種推論方式為機
器學習提供了呈現與控
制不確定性的框架。

超學習器
一種能學習「如何學習」
的機器學習演算法，不
僅限於學習單一任務，
此演算法的發展聚焦於
透過重新利用過往經
驗，來加快學習事物的
方式。

A 把經過數種統計學方式處理後
的雜訊資料（起伏的線條），
想辦法套入漸進的曲線（紅線）
——科學家通常會像這樣修勻
真實世界資料中的雜訊，以發
掘趨勢。

B 這張由電腦生成的資料集涵蓋
1 萬個對雜訊敏感的數據點。
電腦科學家可以透過一種名為
「分位數回歸」的演算法，找出
最符合這些雜訊資料的線型。

C《怪奇物語》(Stranger Things)
這部由 Netflix 製作的爆紅影
集，是充滿1980年代風格的
科幻作品。除了片的推薦引
擎外，Netflix 也會使用機器學
習去為每一部影集客製作品的
主視覺。

C

Netflix 將他們的推薦系統視為最重要的資產。
這間公司的「電影配對」(CineMatch) 平台會先建立出
使用者的品味模型，然後鼓勵使用者觀看較冷門的電影或影集，
因為這些節目的權利金較低。
藉由將使用者的注意力從昂貴的熱門電影轉移開，
Netflix 就能確保使用者的訂閱費足以負擔權利金並創造收益。
2006 年，他們祭出 100 萬美元的獎金，
頒發給任何能提升推薦系統準確度10%的個人或團隊。

到了 2012 年，Netflix 指出有 75% 的觀影內容是透過演算法推薦的。

最近，Netflix 也開始自製影音內容。
透過巨量資料庫中所儲存的使用者觀影嗜好，
他們便能預測出哪種劇情跟哪些演員能吸引到最多注意力，
並基於這些資料開始拍攝電影或影集。
迄今，Netflix 已經推出多部熱門影集，如《紙牌屋》(House of Cards)、
《勁爆女子監獄》(Orange Is the New Black) 以及《怪奇物語》
(Stranger Things)，而 Amazon Prime Video
跟 Hulu 等線上串流服務平台也在 Netflix 之後跟進。

A

A 2016 年在瑞典的克里斯丁堡（Kristineberg），富豪汽車（Volvo）的 FMX 成為首部能在複雜的礦坑中行駛的自駕卡車。就如同許多運輸公司，Volvo 正試圖自動化卡車運輸業。

B 2017 年的日內瓦汽車展（Geneva International Motor Show）中，福斯汽車（Volkswagen，上圖）與奧迪汽車（Audi，下圖）展出他們的自駕車概念圖，也指出未來的自駕車在硬體上很可能會有大幅度的設計改造。

在數位世界之外，
AI 系統也正快速改變我們與實體世界的互動方式，
其中之一就是蓄勢待發要顛覆現有運輸系統的自駕車。
雖然在 21 世紀的頭 10 年，由於城市環境的複雜度，
以及眾多車輛無法掌控的意外事件，
一般尚認為自駕車的概念難以實現。

2004 年，美國國防高等研究計畫署（DARPA）
在自駕車上投入大量的研究資金，該領域的發展才得以前進。
一共 15 輛自駕車在美國內華達沙漠中進行 228 公里的競賽。
儘管最終沒有隊伍完成挑戰，但高達 100 萬美元的獎金是很大的誘因，
足以激勵大家投入研發自駕車的核心技術，
包含先進的感測科技以及 3D 地形地圖。

自駕車至今已是發展最快的人工智慧應用領域之一。

到了2018年的2月，Google的Waymo自駕車隊
已在美國25個城市累積超過805萬公里的自駕里程數。
大部分由特斯拉汽車（Tesla）出產的汽車，
也都搭載了能實現全自動駕駛功能的硬體設備，
且Tesla也持續透過軟體更新的方式，提供更多的自駕功能。

自駕車快速且驚人的技術發展，
有一部分要歸功於許多人工智慧子領域的重大進步，
如電腦視覺（computer vision）、搜尋與規畫的能力
以及強化學習（reinforcement learning）。
這些技術讓AI能無間斷捕捉自駕車周遭環境的資訊，
並預測可能發生的潛在變化。一般來說，
自駕車在安全行駛的過程中，會經過六道關鍵步驟。

首先，自駕車會根據GPS和詳細的3D環境地圖找到自己的定位。
這些高解析度的地圖是經由反覆開過某個街坊、
捕捉下任何會影響道路條件的潛在變化後，所生成的資料。
地圖對AI駕駛至關重要，因為需藉由圖資來對駕駛環境有基本的預期，
這也能讓車輛具備一些先驗知識。

B

電腦視覺
AI的子領域之一，重點放在開發
出可從圖片及各種視覺資料獲取、
分析並理解資訊的系統。這項技術
也被用在臉部辨識、自動化數字
辨識，以及將照片加上關鍵字標籤
的系統（photo keyword tagging
system）。

搜尋與規畫
AI的子領域之一，聚焦於機器人或
電腦程式試圖達到某個目標時，
要如何為它們的決策過程安排出
執行步驟。

強化學習
一種機器學習的方式，人工智慧會
藉著嘗試行動並觀察結果，來學習
如何在特定環境中運作與執行任務。

A

接著，自駕車會透過車上搭載的感測器來蒐集資料，
例如能拍攝360度視野的環車鏡頭組、超音波、
雷達感測器以及光學雷達（LiDAR）。
這些感測器協力蒐集周遭物件的資料，
如某個移動中物體的大小、形狀、速度與移動方向。

第三個步驟是要解析這些資料，並找出可能會影響車輛行進路線的物體。
到了這個階段，會用上電腦視覺這項AI研究的基石，
教導機器如何「看」以及「理解」圖片、影像等視覺多媒體資料。
要注意的是，這些人工智慧演算法並不真的理解他們所看到事物的意涵；
而只負責產出正確的外顯結果。舉例來說，AI雖然不理解狗的意涵，
但仍舊能從圖片中辨識出狗。在自駕車的案例中，這些蒐集到的資料
是用來教導機器學習演算法如何根據物件的形狀與行為，
找出這些東西的特徵。透過上百萬筆資料的數據處理，人工智慧就能
學會怎麼辨識行人、單車族、道路標線和其他路上物件的特徵。

因為環境裡的不同物件都在路上移動，
所以人工智慧得要預測移動的速度跟方向。
舉例來說，這名行人是在靠近還是遠離自駕車？
這就是第四個步驟：預測道路上的物件的動作。
讓人工智慧完成此目標的一種方式，
是透過向量機器（vector machine）——
靈感得自人類心理學而開發出的著名演算法。
向量機器這種名稱富異國風情的演算法，
所依據的運作原則很簡單：人類是靠類比來學習的。

B

A 固態光學雷達可以
生成360度的3D
地圖，並描繪出物
件、人類以及路上
的其他物件。

B 在這張圖中，光學
雷達透過旋轉的雷
射來生成呈現車輛
周遭環境的「點雲」
（point cloud）

光學雷達
這種遙測科技可使用雷射脈衝偵
查當下環境並蒐集測量結果。這
些測量結果會用來創造周遭環境
的模型與地圖。

在混亂的世界裡，
我們透過找出不同概念與情境之間的相似處，
將陌生的事件與過往經驗連結起來。
經由相互比較的過程，
人類就能初步概覽這個世界的樣貌。
與深度學習技術結合後，
向量機器特別擅長分析車輛感測器所捕捉到的影片，
進而辨別汽車、行人，並預測他們的移動路徑。
這些感測器毫無疑問已成為自駕車與人工智慧的重要工具。
在理解車輛所在場景是什麼狀況後，
第五個步驟就是要決定如何面對變化不止的環境，
明智地給予回應。

「搜尋與規畫」這個人工智慧的
子領域會教導機器運算，
選出解決指定問題的正確反應程序。

無監督學習

一種機器學習的子類型。人工智慧會從未經分類的資料中學習，讓演算法在無「幫助」的情況下運作。

在機器人學裡，規畫演算法（planning algorithm）通常用在策畫行動程序上。這種演算法能幫助機器發展出在特定限制下建構計畫的能力。

舉例來說，當機器車輛分析所處環境時，就需要有能力在一連串動態物件中，即時辨識出一條安全、舒適且有效率的路徑，以抵達原定目的地，例如可能是要到下一個路口。

或許可以這麼說，現今最先進的AI決策方式就是強化學習。強化學習同樣也受到心理學的啟發，是一種常用於訓練動物的試誤法（trial and error）。簡言之，這種方法針對某些行為給予獎勵或懲罰，逐漸讓動物的行為模式能接近預期的成果。對動物而言，獎勵通常是食物。

A

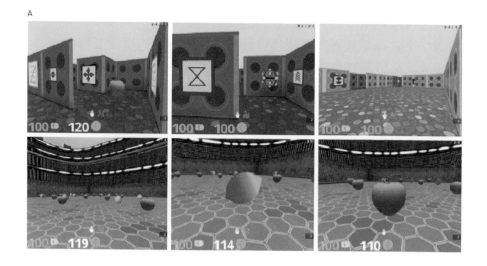

B

但對人工智慧而言，
獎勵則是這組演算法要嘗試最大化的數值。
在學習的過程中，
獎勵分為每完成一個動作立即給予的短期獎勵，
以及在完成程序後所給的長期獎勵。

認知科學家認為，強化學習就是人類在無明確指示中學習新知的方式：
例如我們很直覺地靠著經驗就學會了新的駕駛技巧。
同樣的道理，此方法在 AI 演算法中特別有用，
因為它近似於某種**無監督學習**（unsupervised learning）的類型。

A DeepMind 研究室透過迷宮
探險與水果採集等虛擬遊
戲訓練 AI 代理人。透過 3D
遊戲訓練人工智慧已成為
日漸熱門的訓練策略。

B 這項 DeepMind 計畫致力於
理解人工智慧如何進行複
雜的運動控制；這也是身
體智能主要特徵的展現。
人形的 AI 行走者學習如何
在不熟悉的虛擬環境中走
路、跑步，甚至跌倒。

此研究趨勢當前最尖端的運用，在於將強化學習
的演算法與深度學習結合，催生出深度強化學習
（deep reinforcement learning）這種強大的工具。
此人工智慧的典範是由 DeepMind 所率先提倡。
它將「從試誤法學習」以及「從原始材料
（如圖像中的像素）學習」兩者互相結合。
若進一步發展此技術並應用於自駕用人工智慧，
就能幫助人工智慧在沒有人類介入的情況下，
根據感測器獲得的資料來做決定。
換句話說，這類演算法可學會在特定環境下，
要怎麼執行相應的行為程序。

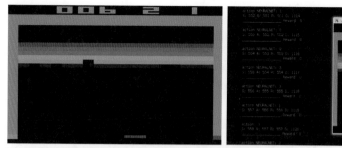

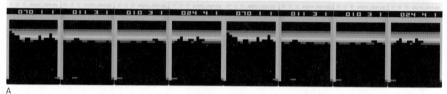

A

深度強化學習是受到人類大腦運作的方式所啟發。
其中最具開創性的案例是深度Q網路（Deep-Q-Network，
DQN），它能反覆透過過往經驗來學習：將現況與記憶體中
儲存的事件做比較，久而久之，
這些網路開始找出能帶來未來獎勵的輸入行為，
同時刺激著AI產生通則化（generalization）並變得更加靈活。
微分神經電腦（differentiable neural computer，DNC）
是另一個受到大腦啟發的演算法：
透過粗略模擬大腦的工作記憶（working memory），
DNC便能針對多步驟的問題進行推論。如果此技術能在未來
持續發展，再搭配記憶模組的演算法，
那麼就能協助AI駕駛對於複雜路況，有更出色的應對。

在第六個步驟——同時也是最後的步驟——這些機器學習的科技會聯
合起來通知AI自駕車，什麼時候才是踩油門、剎車及轉方向盤的正確
時機。自駕車的研究不斷在進步，舉例來說，麻省理工學院近期正在
訓練光學雷達感測器檢視周遭區域地質，以求更有效偵測泥土路的
邊界，這麼做目的是要讓自駕車也能在鄉村地區行駛。
其他研究單位則設置虛擬環境，讓人工智慧能在其中行駛。透過模擬
地圖，可減少對前述自駕車的第一步驟（生成高品質3D地圖）的需求，
並讓自駕車系統先演習罕見但可能致命的道路事故。

工作記憶
一種儲存容量有限的認知系統,允許人類在推理與決策時,暫時將資訊留在大腦中。

A 高度控制的遊戲環境,如圖中顯示的打磚塊遊戲「突破」(Breakout),能當成藉強化學習來訓練人工智慧的有力場所。在這裡,每個動作都會獲得獎勵,例如遊戲點數,且研究人員也可以同步監控。愈來愈多雅達利(Atari)的遊戲因而再度回歸,就是用來訓練機器學習的。

B 生成式查詢網路能透過「觀察」場景去推斷觀看相同場景的不同視角。舉例來說,只要給它三個視角,演算法就能產生一系列由此預測而得的地圖。這個網路能呈現、測量並減少猜測中的不確定性,展現一種如人類般的自信直覺。

2018年6月,DeepMind釋出名為生成式查詢網路(Generative Query Network,GQN)的深度神經元網路,能基於一系列相互關聯的2D圖像重建出3D場景。GQN可進一步預測出這個場景的新視角。雖然尚處於發展初期,但GQN和類似於它的方法可為AI駕駛提供額外一種道路導航的方式。舉例來說,當自駕車朝著某個特定路口、以不尋常的角度開過去時,這種演算法也能幫助AI駕駛熟悉這個路口。

學界與業界對自駕車的興趣令這個產業飛快成長:在美國,車輛管理局(Department of Motor Vehicles)已核准超過50間公司在各州實測自駕車。其中包含Waymo、優步(Uber)以及特斯拉,另外還有傳統的汽車大廠如日產汽車(Nissan)、BMW、本田(Honda)以及福特(Ford)。

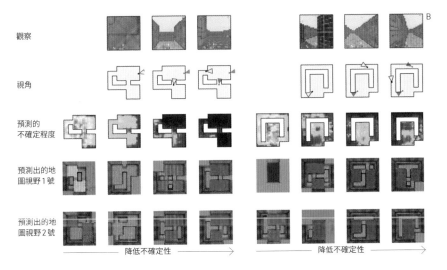

觀察

視角

預測的不確定程度

預測出的地圖視野1號

預測出的地圖視野2號

← 降低不確定性 →　　　　← 降低不確定性 →

毫無疑問，
想一馬當先推出自駕車，這背後的
經濟誘因正在推動著產業前進。

根據一份英特爾（Intel）的研究指出，自駕車具有巨大的經濟潛力：
英特爾預測，到了2035年自駕車產業將創造8000億美元的營收，
甚至在2050年，收益將上看7兆美元。這份研究報告將此新興市場稱為
「乘客經濟」，其中包含使用自駕車所衍生出的服務與商品價值，
以及在無形中省下的時間與資源。

對自駕卡車產業的經濟成長預估，可說又更樂觀了。
在長距離的高速公路上，自駕卡車能協調行動、組成車隊，
以降低風阻。跟人類卡車司機不同，AI卡車司機不會疲倦，
也不會出現注意力不集中的情況。
2018年初，總部位於舊金山的啟程（Embark）
就宣布他們的自駕車在全美安全完成了3860公里的旅程，
並由一位人類擔任的安全駕駛全程監控。
如果法律相關的政府機關批准，這輛自駕卡車就能在兩天內
完成從西岸到東岸的運輸任務；換作以往的人類駕駛，得要
花四到五天的時間。可觀的經濟效益也促使其他自駕車業者
如Waymo、Tesla與Uber涉足貨運業務：
Tesla就在2018年發表了他們配備AI系統的電動卡車。
電動卡車可能在10年內，就有能力接手卡車運輸業。

A

A 2018年初由歐盟資助
的ENSEMBLE計畫，
希望能建立由歐洲各
地卡車公司所組成的
聯盟。此計畫希望能
降低油耗比、二氧化
碳排放量，並提高安
全性。

B 海運碼頭的自動化
也在進行中。這台
在洛杉磯港運作的
AutoStrad能夠堆疊
並運送貨櫃，不僅能
拉長保養週期，也能
更加保障員工安全。

B

與最初的預測相反，
人工智慧的顛覆力量並不局限在藍領工作類別。
人工智慧的應用已在某個意想不到的領域中
迅速發展：醫療。
他們造成的影響已在製藥產業、
面對面與病人互動的診所、
外科手術與醫療診斷中展現出來。

醫學**大數據**（big data）的爆炸性成長，
再加上精細的人工智慧演算法，
讓大型製藥廠得以從藥品資料庫中挖掘出
有潛力的產品。IBM的超級電腦華生
在獲得《危險邊緣》的勝利之後，
目前正與默克（Merck）、諾華（Novartis）
以及輝瑞（Pfizer）等製藥大廠合作，
試圖加速藥物研發、規畫與分析臨床試驗，
並更快預測出藥物的安全與效益。

大數據
這個名詞指的是可透過
計算分析來揭示模式、
趨勢以及關聯的超大型
複雜資料集。這些大數
據能用來取得新的見解
和進行預測。

常見於這個領域的人工智慧運用，
仰賴的是進化式演算法（evolutionary algorithm）。
就如同人工神經網路，進化式演算法的靈感也源於自然界——
這次是取材自天擇（natural selection）。
AI 研究員會從一組初始演算法中，
選出最擅長為藥物生成新分子結構的演算法，
表現最佳的演算法會被稍加修改，
或者與其他程式碼區塊混合在一起，產出下一代的演算法。
經過數個世代的進化，理論上在最終的群組裡，
表現最好的程式將會在生成相似藥物分子的任務上，
有出色的表現。

研究人員藉由進化式演算法，就能為分子的屬性建模。
不止如此，這些演算法更提供了新的分子結構，
並且能判定這些結構在藥物中是否管用。
現今多數的大型藥廠都會在開發新藥時
用到遺傳演算法（genetic algorithm）。
此外，前面所談推薦系統中用到的貝氏模型，
也在預測各類型藥物的化學結構及多重抗藥性方面特別有用。

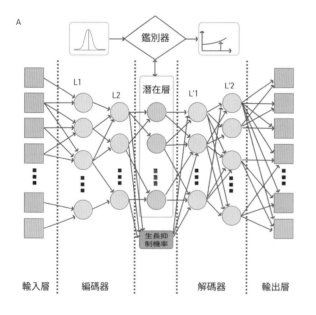

A 生成式對抗網路
（generative
adversarial auto-
encoder，GAN）這
個深度學習演算法，
能夠得出在特定濃度
下具有抗癌能力的分
子及其「指紋」。這些
候選者會再由「鑑別
器」來衡量其可靠性。
B 這是透過進化式演算
法演算而來的圖。生
成的圖畫會經過不斷
的挑選與修改，直到
選出最終成品為止。

多重抗藥性

病原微生物（pathogenic microbes）對多種抗菌藥物產生抗藥能力。例如 MRSA（耐甲氧西林／苯唑西林金黃色葡萄球菌）和多重抗藥性的肺結核，都是對抗得了多種抗菌藥物的有機體。

Suki

這是個給醫生使用的數位助理，可協助整理電子醫療紀錄以減少文書工作的負擔。它是由一間位在美國加州紅木市的醫療新創公司所開發。

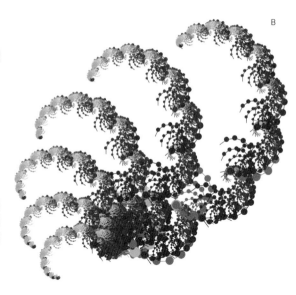

臨床上，精於科技的新世代醫師常會在執業中，
向採用人工智慧技術的應用程式諮詢專業意見。
隨著工作量的增加，醫生也渴望從各方面獲得協助。
這開啟了將人工智慧與醫療日常工作
統合在一起的可能性。

首先，在科學文獻量遽增的情況下，利用文本處理的自動化
系統，就能從已發表的報告中挖掘出新的醫學知識，
接著再用簡單備忘錄形式呈現給醫生，
以方便學習。IBM 的華生電腦及「語義學者」（Semantic Scholar，
一種人工智慧學術搜尋引擎）目前都正在開發這樣的功能。
這些系統利用自然語言處理的技術，來閱讀、分類數百萬篇學術論文
中的新發現，目的是要辨別出過去曾被忽視的論文之間的關聯和資訊。
其次，內建 AI 的臨床助理可接手如醫療製圖一類的行政作業。
在 2018 年中，數位助理新創 Suki 就獲得上百萬美元的投資，
用於進一步研發出診所內使用的語音數位人工智慧助理。
在 12 個美國的前導試驗中，初步數據顯示 AI 減少了 60% 醫生
在文書作業上耗費的時間。就跟其他機器學習科技一樣，
隨著處理過的數據日漸增加，Suki 的準確度也會不斷提升。

A 法國國家健康與醫學研究院（Inserm）這台會說話的Reeti機器人，能表現出可辨識的表情，也會使用簡單的語言，但不會顯露出無聊或沮喪。這種機器人能有效協助自閉症兒童集中注意力。人機互動的研究正在輔助自閉症兒童更有效地溝通。

B 在手術室中看到達文西機器人已不再新奇。2000年獲得美國食品藥物管理局（FDA）核可執業的達文西系統，已使用在全世界逾300萬個案例中。

人工智慧研究其中一個著名的子領域：
機器人科學的進步，
也帶動了另一個領域的蓬勃發展——手術機器人。
2000年，直覺手術（Intuitive Surgical）公司
推出了達文西系統，
這個創新的AI技術能夠協助執行微創心臟繞道手術。
此系統利用機械手臂將外科醫生的手部行為
轉譯成精細的微小動作。
達文西系統現在可支援多種類型的手術，
也在世界各地的醫院執勤。

但人工智慧為醫療界帶來最大的影響，可能要屬診斷方面。

2017年，一篇刊載在權威學術期刊《自然》（Nature）的研究指出，人工神經網路的技術已能夠識別出經活檢證實的皮膚癌。而且它的表現已達到（甚至超越）具有專業執照的皮膚科醫生。

在某些測試中，人工智慧甚至比人類更敏感、精準，
因此更不會忽略致命的皮膚癌徵兆，
或將健康的患者誤診為癌症病人。
最近，還有研究團隊推出能透過掃描視網膜來預測
眼部或心血管疾病風險的 AI 系統。
此外更已經有能透過乳房攝影術（mammogram）
診斷出乳癌的演算法，
以及自動識別肺炎、心律不整和某些骨折傷勢的系統，
表現甚至超越了人類醫生的水準。

B

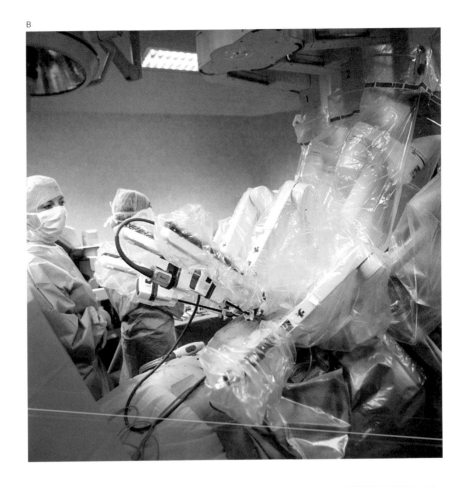

人工智慧在醫療診斷上突飛猛進，
英國的AI科學家傑佛瑞‧辛頓（Geffrey Hinton，1947-）
因而認為醫學院「應該即刻停止訓練放射科醫生」。
然而，也有人認為人工智慧診斷醫師的誕生，
能讓更多人類放射科醫生前往資源匱乏或發展中的地區，
提供醫療服務。

最後，人工智慧在醫療衛生領域更具實驗性的應用，
就要屬智慧義肢了。透過深度學習的方法，
科學家已開發出能夠對應腦波做出反應的義肢與義手，
讓截肢者能以大腦控制這些仿生肢。
而Aiploy和EyeSense等公司則透過神經網路幫助視覺受損的人
在環境中移動，這些公司的應用程式可搭配智慧型手機來使用，
並為使用者描述當下環境裡的物件。

人工智慧及相關的科技應用
對社會帶來的影響不勝枚舉。

A

A 美國國防高等研究計
　畫署的「手部本體感
　覺與觸覺界面」（Hand
　Proprioception and
　Touch Interfaces，
　HAPTIX）計畫正在開發
　有觸覺的義手。該系統
　藉由電流刺激特定的神
　經，就能讓人獲得真實
　的觸覺感受，就像是用
　失去的那隻手感受到的
　那般。
B 機器學習正在加速推動
　大腦可直接控制的智慧
　義肢手臂的發展。這些
　演算法會讀取輸入腦波的模
　式，在非刻意輸入的情
　況下解析動作的意圖。
C 這個ComfortFlex套筒
　使用「智慧塑膠」，能夠
　「記憶」殘肢的形狀。

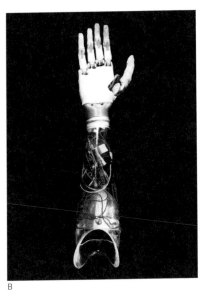

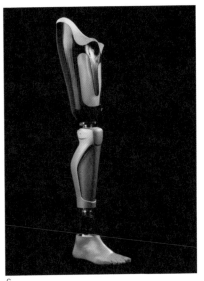

B

C

除了本章所述領域之外，
史丹佛大學在「人工智慧的百年課題」中
預測：未來20年內，人工智慧將在物流、
教育、公共安全以及服務機器人方面發揮
重大影響。隨著科技持續進步，
人工智慧將更深入滲透到社會與各個產業
中。然而，要讓人工智慧充分發揮潛力，
它所產出的結果必須要確實可靠才行。

**目前有幾個主要的障礙，
正阻撓現今的人工智慧
為我們帶來革命性的改變。**

3. 現今人工智慧的限制與問題

A Gfycat 的臉部辨識演算
  法可以認出韓國女子團
  體 Twice 成員的面孔。
  但之前版本的演算法卻
  無法辨識亞洲面孔。人
  工智慧的種族歧視被認
  為是很大的問題。
B 這個 Twitter 頭像照是微
  軟的聊天機器人 Tay,它
  使用機器學習來增強其
  對話能力。在一天之內,
  Tay 向網路上的酸民學習
  冒犯性言論後,成為一
  名種族主義者與性別歧
  視者。

A

儘管人工智慧的應用已
在我們日常生活中迅速擴散蔓延,
但這些科技仍未臻完美。

有一些限制來自 AI 演算法本身。
例如,如今的人工智慧系統常產出錯誤的結果,
但它們卻無法解釋其決策過程。
因此當 AI 犯錯時,就無須負擔太多的責任。
而其他問題則可能更加隱晦,
例如人工智慧可能會反映並擴大社會既有的偏見或政府的
瀆職問題──包含性別及種族偏見、將科技用在網路上
操弄選民情緒,以及用在未對外公開的公眾監控上。
人工智慧的其他問題則相對是技術層面的,
例如只具備有限的範例,
無法將過去學到的知識類推到新的情境中,
或是無法用有限的前例找出解決新問題的方法。

2016年，一輛 Tesla 自駕車造成的死亡車禍，
就是不完美的演算法所導致的恐怖案例之一。
在**自動輔助駕駛**（Autopilot）模式下，
這台自駕車誤將拖車的白色車體，判斷成明亮的天空背景，
導致車輛撞上拖車車尾。
2018年3月，一台 Uber 的汽車在亞利桑那州的坦佩（Tempe）
撞死一名行人。
後來的調查報告指出，人工智慧當下偵測到了這名女子，
但演算法誤判、認為她並不在自駕車的路徑上。
不久之後，一輛開啟自駕模式的 Waymo 被人類所駕駛的汽車撞到，
這也拋出了值得思考的問題：要如何規畫 AI 駕駛的程式，
才能讓自駕車更懂得掌握同在路上行駛的人類駕駛行為。
幾個月之後，Tesla 轎車 Model S 撞上水泥牆，導致兩名乘客死亡。

雖然發生過這些悲劇，
但整體而言自駕車的安全數據依舊令人印象深刻。
例如 Waymo 的自駕車雖碰過約 30 件輕微擦撞事件，
但只有一件是 Waymo 造成的。
這起事故發生在 2016 年，一輛 Waymo 在自駕模式下，
切換車道駛入公車的移動路徑上，
導致車輛受些微損傷。
但這場事故中無人受傷。
英特爾 2017 年發表的
一項研究預測，
自駕車的推出可能會
在 10 年內拯救 50 多萬
人的性命。

B

自動輔助駕駛
一套半自動的汽車自駕系統。系統會要求
人類駕駛在行駛期間保持對路況的注意力
與警覺心。

A 翼龍（Wing Loong）是一架在中國開發的無人駕駛偵察機，2009 年進行首次試航。愈來愈多用在軍事用途的人工智慧技術引發人們更加關注安全問題。

B 在地表上，由波士頓動力（Boston Dynamics）公司所開發的有足小隊支援系統（Legged Squad Support System，簡稱 LS3），是用於軍事行動的馱獸。它能克服惡劣的環境，在窒礙難行的環境中行走。

C 美國海軍的艦載自動消防機器人（Shipboard Autonomous Firefighting Robot，SAFFiR）是設計來協助水手撲滅船上火災的人形機器人。開發人員目前正努力提升它承受極端環境的能力。

儘管如此，大眾對 AI 自駕車的信任卻來到歷史最低點。根據皮尤研究中心（Pew Reserach Center）2017 年的一項調查顯示，有超過半數的受訪者對乘坐自駕車有所疑慮，他們反對的理由是因為擔心行車安全以及無法控制自駕車。

在 2018 年 3 月一場優步（Uber）的致命車禍後，一份美國汽車協會（American Automobile Association）的調查發現，73% 的美國人會害怕搭乘自駕車，相較 2017 年末進行的調查多出了 10%。

A

皮尤研究中心

一個中立的美國機構，提供包含美國與世界各國在內有關社會議題與輿論趨勢的資訊。

無人機

一種無人駕駛的飛行器，能對人類駕駛員較高層次的意圖與方向，有一定程度的理解。

B

C

有部分的擔憂是源於對機器學習與人工智慧背後運作機制的不理解。

對大眾而言，人工智慧像是某種煉金術：有些演算法有時能生成正確的答案，

不過一旦失敗了——例如當Siri針對問題給出荒謬的答案——

消費者就無法理解原因為何。

同理，在Netflix演算法針對客戶品味的歸納上犯了可笑錯誤時，

或者當一輛自駕車決定停在自行車道時，

使用者都無從追問到底是哪裡出了問題。

更嚴重的是攸關生死的問題，
例如讓武器搭載AI技術。
美國軍方正在考慮利用機器學習，
協助分析人員從大量偵察資料中辨識出模式，
或引導無人機飛行。這種情境下，
失敗的演算法可能會帶來災難性後果
（但卻沒有人能解釋失敗的原因）。

對人工智慧的不信任也蔓延到醫學界。

儘管人工智慧在醫學影像診斷上表現傑出，

但醫界仍不願意完全接受AI診斷。

其中一個論點是，多數的人工智慧技術雖然振奮人心，

卻尚未有足夠的獨立研究團隊

就這些工具提出關鍵的驗證：

換言之，未能確實驗證這些AI工具在任何病例上，

都一定有正常的表現。

然而，就如Siri、自駕車與自動武器的例子，

一般對人工智慧更強烈的質疑是：

直到現在，人工智慧系統無法解釋自己是如何做決定

（無論對或錯）──即使向它的創造者也提不出解釋。

這個問題非常嚴重，導致AI演算法常被稱為

「黑箱系統」（black box system）。

黑箱系統

在科學與工程學中使用的一種系統。在黑箱系統中，只有輸入與輸出能被觀察到。對內部的運作方式全然未知，且無從調查。

A MemNet的演算法能找出照片中最有記憶點的區域並生成熱點圖。後續對照片的些微修改，可能會改變照片的可記憶性。

B LIME（Local interpretable model-agnostic explanations，局部可理解且無視模型的解釋法）演算法可用來解釋分類器演算法（classifier algorithms）的預測。在這張照片中，演算法就能區分波斯貓跟伯恩山犬的不同。LIME會標示出用來判斷的區域為何。

B

因此，人工智慧演算法的不可預測性成為它的主要限制之一，也重挫社會大眾對人工智慧的信任感。

機器學習之所以會有不透明性，部分是源自演算法的訓練方式。
現今多數的AI應用程式都仰賴深度學習 ——
一種與人腦大致類似的人工神經網路結構。
每個神經網路的某一端，
都有大量的數據（例如數以百萬計的小狗照片）。
隨著這些資料通過神經網路的計算層（computational layer），
每一層計算層都會逐漸從資料中提取出更抽象的特徵，
也因此在最終的輸出層（output layer）能產出正確的結果，
例如可區分出吉娃娃與迷你杜賓犬（Miniature Pinscher）。
然而，因為這過程是在神經網路中運作的，
研究者不一定能解釋每個計算層提取出的抽象特徵為何，
或神經網路是怎麼決定該抽取哪個特定的特徵。

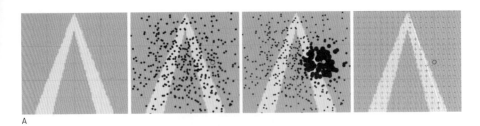

A

不管是把機器學習用於增強人類能力，
或在特定任務中取代人類，
此技術具備改變產業的能力，這一點無庸置疑。
然而，在研究人員找到方法讓演算法變得更容易理解，
或是更能夠負起責任之前，
人工智慧都不該用來增強或取代人類。

幸好，近期的研究證明了機器學習的黑箱性質並不棘手。
事實上，已經有人在努力打造新的工具來探索機器的學習
大腦，這個新的學科分支就稱為人工智慧神經科學
（AI neuroscience）。人工智慧神經科學的其中一個想法，
是經由些微改變演算法的輸入資料，
並觀察如果發生了改變，那麼是哪些改變影響了輸出結果。
例如，一種名為「局部可理解且無視模型的解釋法」
（Local interpretable model-agnostic explanation，
縮寫為Lime）的工具，可透過稍微改變原始的輸入資料，
來找出影響人工智慧判斷的關鍵因素。舉例來說，
為了理解評價電影的AI是受到什麼因素的影響，
LIME會針對那些最初使AI做出正面評價的影評，
在詞彙中進行微妙的刪改。
然後系統會觀察AI對電影的評價是否因而改變。
經過不斷的測試，最終LIME會從中得出結論，
例如「漫威」（Marvel）這個詞的出現，
幾乎都與電影獲得的好評有正相關。

A 運作中的LIME。分類器演算法對資料進行分類後，LIME使用「平均」特徵（黑色）進行採樣，並在有意思的點（綠色）周邊局部改變這些特徵，以觀察決策結果有什麼不同。

B 對人腦的結構性神經連結（structural connectivity；左圖）與功能性神經連結（functional connectivity；中圖）的理解，有助於辨識出重要的連接型核心樞紐（connector hub；右圖）——其作用是連結多個不同腦區。

人工智慧神經科學

一門研究深度學習內部運作方法的新學科，目標是要解釋深層神經網路的內部如何運作，也包括要理解人工智慧表現良好或失敗的原因。

局部可理解且無視模型的解釋法

這種演算法試圖要解釋深度學習網路的決策行為。2016年開發的LIME透過改變原始資料並觀察結果，幫助研究人員了解深度神經網路是如何進行預測的。

另一個由Google開發出來打破黑箱性質的做法，
是以空白對照（如黑色的照片）為出發點，
再慢慢將對照的照片逐步變成要輸入的影像。
在影像的各階段，研究人員可藉由觀察AI生成的影像結果，
以推斷哪些特徵對AI的決策行為來說是重要的。

另一種想法則仰賴某種可擔任人類與機器之間的翻譯器的演算法。具體來說，這種演算法能夠向人類觀察員解釋某特定的AI嘗試在做的事情。OpenAI正是使用這個策略來「審問」負責防禦駭客的AI演算法。這麼做也會用到另一種演算法，以處理自然語言，那就是翻譯器。

翻譯器會對用來攔截駭客的演算法進行提問，而在翻譯器演算法協助下，研究人員就能觀察提問與回答的過程，從中理解攔截駭客的演算法的決策邏輯。

B

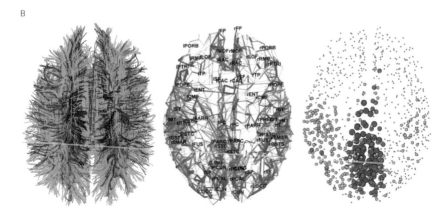

當然，絕對也有可能某些人工智慧的決策
就是無法被解釋得一清二楚。畢竟人類自己的決策中，
往往也帶有多多少少的直覺，
更會受到本能和經驗的引導。
對研究人員而言，問題在於：能讓人工智慧合理解釋
自己在做什麼——到什麼地步？

A IBM的Q運算中心是首先
將量子電腦開放給公眾使
用的單位。企業和科學家
可透過Qiskit（一種模組化
的開源程式網路）使用量
子電腦。
B 美國巴爾的摩
（Baltimore）的約翰霍普
金斯醫學院推動的Felix計
畫，旨在發展一套偵測腫
瘤的演算法，希望能在早
期可治療階段就找出胰臟
癌徵兆。此計畫從一項基
本的功能為出發點：教導
演算法（如圖片所示）區分
不同器官，以辨識出哪個
是胰臟。

愈來愈多銀行與企業主會借助深度學習技術，
以決定批准貸款或予以聘用的對象，
這也讓揭開機器學習神祕面紗的需求更為迫切。
事實上，已經有一種論調指出，理解演算法
如何得出結論的能力應是基本的法定權利。
法國總統馬克宏（Emmanuel Macron）
於2018年宣布，他的政府要向大眾公開行政上
使用到的演算法。在2018年6月一份指導方針中，
英國也呼籲在公部門工作的資料學家和機器學習專
家，行事應透明、負責任。
此外，歐盟已實施法律：要求企業從2018年中開始，
必須向用戶交代自動化系統是怎麼做決定的。

A

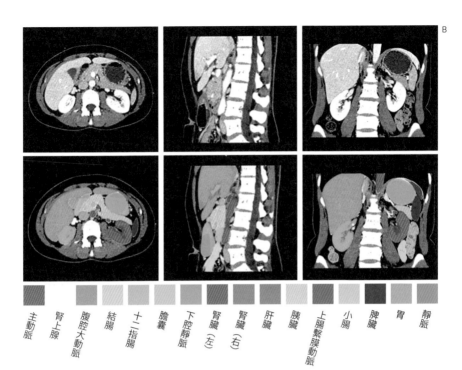

主動脈　腎上腺　腹腔大動脈　結腸　十二指腸　膽囊　下腔靜脈　腎臟（左）　腎臟（右）　肝臟　胰臟　上腸繫膜動脈　小腸　脾臟　胃　靜脈

儘管此法律目前以技術來說仍不可行，
卻也代表人類在人工智慧發展前期的努力嘗試——
意圖遏制難以捉摸的自動決策系統
可能造成的其中一種危險後果：偏見。
想理解演算法中的偏見是怎麼產生的，
一個有效的方式是先檢驗假想的案例：癌症診斷。
例如，如果最初用來訓練 AI 的 X 光片中，
有肺癌的部分由人類放射師手動標示為黃色，
那麼演算法最終就會將「黃色」與「癌症」連結起來。
換句話說，人工智慧的好壞取決於它的訓練資料，
如果初始的訓練樣本有問題，演算法也會受錯誤的資料影響。
（在人工智慧圈內，會說是：「垃圾進，垃圾出。」）
此範例中的錯誤還算相對好識別，但在類似的情況中，
如果訓練資料碰上光線、角度的改變，或是有不同的障礙物出現，
就可能微妙地讓演算法誤入歧途。

A 臉部辨識軟體的種族偏見可從研究員喬伊‧布拉姆維尼（Joy Buolamwini）的案例中得到驗證。她發現戴著白色面具能夠提高演算法偵測出她臉部的能力。

B 法庭上愈來愈常用到預測慣犯的風險評估軟體，軟體能幫忙判斷應予以假釋或保釋。然而，由於膚色的不同，犯過類似罪行的人可能會被貼上不同標籤。

A

不斷做出荒謬決策的演算法不一定就危險，
我們反而容易發現問題、把錯誤改正。
更可能蘊藏潛在惡果的演算法，
會不著痕跡但有系統地根據種族、
性別或意識型態來歧視特定群體。

在一個眾所皆知的失敗案例中，Google 的初代自動照片標籤系統，
因為將非裔人士錯認為大猩猩而引發眾怒。
2016 年由非營利新聞單位 ProPublica 所進行的一項調查顯示，
用來預測罪犯再犯機率的風險評估軟體 COMPAS，對黑人抱有偏見。
儘管在設計軟體時，並未明顯考量種族因素。
2017 年的一項研究指出，演算法在做字詞聯想時也帶著偏見：
男性較可能與工作、數學和科學產生關聯；女性則是與家庭和藝術
更有關。類似的偏見會對招聘人才產生直接的影響，
例如，若用來檢視履歷的人工智慧在尋找適合程式設計職務的人選時，
依循上述偏見將「男性」與「程式設計師」連結起來，
那麼它就可能會將名字較像男性的候選人履歷放到應試名單頂部。
在翻譯軟體中也見得到嚴重的偏見，例如 Google 翻譯在把文字譯成
英文時，語境中提到的如果是醫生，它會將數種語言的中性代名詞
翻譯成「他」；但要是提到的是護士，Google 卻會譯成「她」。
語音辨識系統也較不擅長辨識女性的言談或方言，
因而將使用非標準語言的主要群體與社會，
排除在系統提供的服務之外。

還有更多演算法可能正神不知鬼不覺
發揮著影響力——扭曲一個人可獲得
哪種醫療照顧或保險費率；
改變人在刑事司法系統中能得到何種待遇；
或者預測哪些家庭更可能發生虐童案。
偏見與不公正的現象正在侵蝕人類
與人工智慧之間的信任。
人工智慧並不如預期，能為社會帶來公平、
公正，反倒可能比人類還不擅於中立地
做出影響人生的重大決定。
若是如此，社會大眾為何要相信
取代銀行行員、招聘人員、
警察或法官的機器能成為「更公平」的替代品？

自動照片標籤系統
Google 開發的一項功能，
能使用人工智慧自動偵測
照片中的人臉與物件，並
用關鍵字標註每項特徵。

COMPAS
為「替代性懲處受刑人管理
剖析量表」（Correctional
Offender Management
Profiling for Alternative
Sanctions）的縮寫。
COMPAS是一套由
Northpointe 開發的人工
智慧商業軟體，司法界用
它來預測罪犯再犯的機率。

人工智慧之所以會有偏見，
通常不是起因於學習演算法所賴以發展、運作的冷硬統計數據。
相反地，AI學習者往往是吸收了訓練資料中既有的偏見，
而這些資料正是我們的社會所產出的。
換句話說，演算法只是反映了創造者的偏見，
有時甚至加深或更加坐實我們所抱有的偏見。
同溫層（filter bubble，或譯為過濾氣泡）就是一個例子：
因為臉書的新聞演算法不考慮內容真實性，偏好病毒式貼文，
這大大形塑了公眾對社會互動與重大新聞事件的看法。
臉書的AI演算法挑撥社會的敏感神經，更加劇了極化政治的現象——
在引起許多人不滿後，
臉書的CEO馬克・祖克伯承諾會從根本上改變新聞演算法，
以促進「更深層、有意義的交流」。

在2016年美國總統大選以及英國的脫歐公投之前，
劍橋分析（Cambridge Analytica）
透過人工智慧來鎖定易受操弄的選民，

A

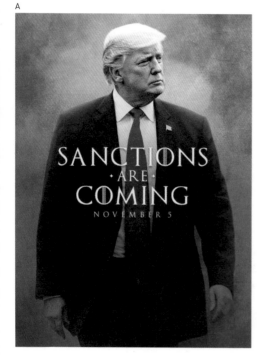

同溫層
一種智識隔離的狀態，導因於線上平台會先預測使用者想看到什麼，以此來提供客製化的內容。

病毒式貼文
透過網站連結、社群媒體或其他數位管道，在網路上廣泛流傳的文本和多媒體內容。泛稱為病毒式內容（viral content）。

A 美國總統川普將電視影集《冰與火之歌》（Game of Thrones）的宣傳用語「凜冬將至」（Winter is Coming），改成「制裁將至」（Sanctions Are Coming）。川普使用與影集相同的字體，製作了屬於他個人、註明日期的警告——傳達打算對伊朗實施制裁的意圖。接著，他用推特正式發布這則迷因（meme），很快就在網路上瘋傳，也吸引了更多人改編迷因。

B 這張圖表呈現了融入人類（藍點）社會的機器人（紅點），是怎麼讓錯誤的資訊傳播、擴散其中。

B

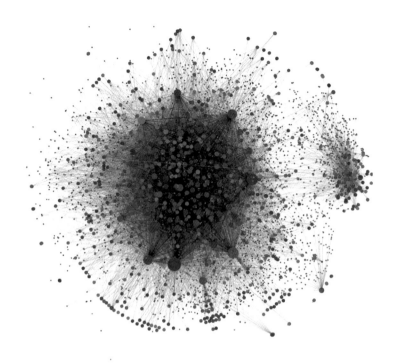

對民主與歷史的發展造成了重大影響。

此外，隨著愈來愈多使用者的偏好與品味資料受到記錄、分析，
新聞及媒體的內容供應商就能夠為日漸分眾的群體
（甚至能細分到針對每一個人）精準提供客製化的資訊。
接下來，推薦系統的演算法以及操控演算法的人，
就能藉此左右特定族群在網路上接觸到的想法或體驗。

降低人工智慧的偏見與不公是一場持久戰。隨著深度學習更加深入應用到社會的各個領域，這場戰役一定會益發激烈。

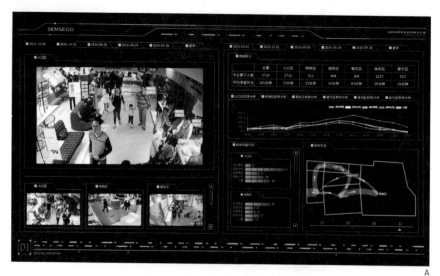

A

但目前尚未有可輕易消除AI偏見的方法。
有人認為完全公開AI演算法的參數會是關鍵；
也有人相信這樣的透明度可能導致各方從中鑽漏洞。
IBM正在實驗將人類價值應用於AI的決策過程中，
以幫助人工智慧發現並理解人類在決策中的不一致性。
其理念是要打造出具備道德感的AI系統，
然而，此做法很有挑戰性，這是因為人類的價值觀多元，
很難定義統一的「道德」標準。一種很熱門的想法是眾包道德
（crowdsource morality），也就是利用大家做決策的平均值
來教人工智慧該有哪些行為舉止。其他人則認為，
擁有各種專業知識與社經背景的團隊，就能有效幫助從源頭——
也就是訓練人工智慧的資料——將偏見移除。

2017年底，國際標準制定機構IEEE的全球AI與自主系統倫理考量
先導計畫（IEEE Global Initiative for Ethical Considerations in AI
and Autonomous Systems）建立了「古典倫理」委員會，
目的是要博取非西方的價值體系——如佛教或儒家思想——
好讓具備倫理的AI海納更多不同的觀點。
或許連人工智慧的系統開發者也會感到驚訝：
AI就像人性的一面鏡子，反映出人類某些最好和最壞的傾向。

系統偏見只是AI在社會中
可能被誤用的其中一個例子。
另一個例子則是侵犯隱私。

A 這套商湯科技系統的監視介面可監控北京一間商店的顧客行為。它涵蓋了商店的多個入口與位置，即時更新訪客數量、在每個位置停留了多少時間，以及訪客的移動模式。

B 商湯科技的系統能解析安裝在街道與各個角落的監視攝影機所蒐集到的資料，並識別行人的年齡和性別等細部資訊。這套軟體同樣也能辨識車輛的資訊，包含顏色、品牌與型號。

被系統自動標註在令人尷尬的臉書貼文中，是相對無關緊要的例子。但在專制社會中，逐漸浮上檯面的故事就更加令人不安了——獨裁政府欣然使用臉部辨識技術來追蹤公民的動向。中國最大的人工智慧企業商湯科技（SenseTime）最近公開表示，監控事業占了該企業總業務量的三分之一。這間公司開發的軟體可即時識別與分辨監視影片中的移動物體，提供鏡頭所捕捉到的每個人的資訊：他們的性別、穿什麼顏色的衣服、是兒童還是成人。若把這些個人資料儲存進商湯科技的系統中，AI甚至能拼湊出個別身分。預計到2030年，中國的中央政府會投入大量資金打造價值約1500億美元的人工智慧產業，其中大部分用於強化國內安全。政府利用AI來處理1.7億個監視攝影機所蒐集到的影像，中國已能對不守規矩的行人自動祭出懲罰，或辨識逃犯。

IEEE的全球AI與自主系統倫理考量先導計畫
這項計畫是由世界最大的專業技術組織IEEE所發起，旨在教育與賦予權力給人工智慧界的相關人士，讓他們在打造智慧型技術時，優先考量倫理問題。

B

使用人工智慧的監視系統目前能執行到什麼程度的監控——
從前述案例還只看得出一點端倪。2014年，中國國務院公布，
要在2020年前強制推行社會信用體系計畫。
此系統會追蹤民眾的日常生活行為，再用這些數據去判斷公民的可信度，
也就是他們遵從政府價值觀的程度。
根據監控資料，公民會得到一份公開的分數，這個數值會決定
他們能獲得多少抵押貸款、小孩可就讀哪所學校、是否有權利旅行，
或是會被限制網速的程度。這套計畫很接近亞馬遜的顧客追蹤系統，
但它卻有令人膽寒的歐威爾式發展：社會信用體系將建立終生與公民形影不
離的調查報告，而非用來加強購物體驗的個人檔案。
不幸的是，若這樣的制度有利於中國政府，其他國家可能會起而效尤。
正如其政策所述，中國希望「打造持續表揚誠信的輿論環境」，
這無疑是所有專制政府的共同想法。

如果社會全面部署人工智慧，那麼後續民眾的隱私或言論自由會受到多大的侵蝕？

A 據估計中國有2億個監視
攝影機。人工智慧的加入
有助於建立社會信用體系：
按照公民的行為對其評分，
讓中國邁向「演算法治理」
的未來。

B 數百個攝影機不斷監控著
香港重慶大廈，以防堵危
險或非法行為。全面的監
控系統讓進出建築物的人
在鏡頭下幾乎一覽無遺。

C 結合深度學習與電腦視覺
的無人機監控系統可根據
肢體行為，偵測出公共空
間裡的暴力行徑。此監控
設備為一套即時系統。

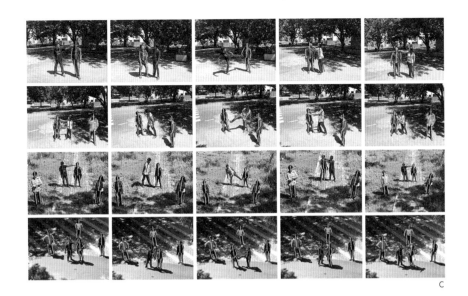

C

並非只有專制社會才會用人工智慧來進行監控。最近有新聞指出，
亞馬遜發表了一款能在單一影像裡追蹤上百人的工具，
且已開始被美國警方採用。亞馬遜與美國奧勒岡州華盛頓郡
（Washington County）合作開發一款手機程式，
執法單位能用它來掃描圖像，
與該郡的臉部辨識資料庫進行比對，
基本上就是把智慧型手機變成一台監控裝置。
最令人不安的是，這一切都是悄悄進行的，
未有太多的辯論探討這項技術會不會侵犯人權或導致社會不公──
尤其是對邊緣群體來說。

中國與其他國家的行徑，
在在說明了開發人工智慧須注重倫理的重要性。
過去短短兩年內，就有許多人致力於探索有倫理的 AI。
OpenAI、Google DeepMind 的倫理與社會研究單位、
AI 技術產業聯盟夥伴、英國的資料倫理與創新中心、
卡內基美隆大學的 AI 倫理研究中心都敦促工程師在持續
投入 AI 研究時，要優先考量倫理問題。
這些組織都秉持著此信念：不設限地發展 AI 將會釀成災難。

A

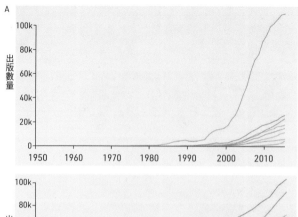

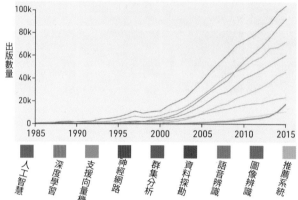

| 人工智慧 | 深度學習 | 支援向量機 | 神經網路 | 群集分析 | 資料探勘 | 語音辨識 | 圖像辨識 | 推薦系統 |

A 從這些圖表可看出
學術界中的AI研究
速度與產量都在顯
著成長。2018年，
2000多名AI研究
人員簽署了請願
書，要求抵制一本
備受矚目、新的付
費期刊，為的就是
要保持AI研究的透
明性。

B 圖中可見星際飛船
科技（StarShop
Technologies）所
開發、由小型配送
機器人組成的自駕
車隊正在接受測
試。這家愛沙尼亞
的新創公司不得不
與美國多州的立法
單位合作，才得以
讓機器人在毫無人
類監督的情況下駛
於人行道上。

2017年，有一份特別針對在性能變得更強且更加無所不在的情況下，
人工智慧的潛在惡意使用方式的報告——由來自學界、民間團體與產業界
20多名共同作者所發表。報告中列舉了一些恐怖的例子：一輛系統異常的
自駕車可能會刻意撞向人群，或被狹持來運送爆裂物；藉著惡意軟體影響
採用AI技術的大腦或心律調節器，可能被用來執行遠端暗殺行動；
或者，罪犯也可以使用臉部或聲音模擬技術，針對特定對象進行詐騙。
此報告呼籲人工智慧研究人員在他們開發的技術中建立防護措施，
同時要更公開討論潛在的安全與防護問題。

出人意料之外的是，這份報告甚至建議研究人員不應公開發表
某些想法或應用方式。多數的研究人員樂見開放政策，
也會在部落格上發表他們的研究成果，並將他們的程式碼開源
（open-source）。人工智慧領域的許多人相信，與其祕密開發
可能後患無窮的AI程式，倒不如公開它的存在，讓大家於潛在的濫用
行為發生前就有所警覺。事實上，Google就用這個方式為他們的語音
模擬程式「語音雙攻技術」（Duplex）辯護：Google公開了具潛在
破壞性的AI程式，以邀請社會大眾批評指教應如何管控此技術的使用。

對有些人而言，
人工智慧的開放文化可能太過天真，
但這多少也算從這個領域過往歷史衍生而來的結果。
在繁榮與蕭條的多次週期中，
人工智慧在大家心目中的印象是：
在實際應用和社會變革方面，總許下太多的承諾。
於是，AI 懷疑論者便相信，
道德、倫理的相關問題實在不值一提，
因為技術可能永遠不會完全成熟。
這些反對者並非空口說白話：
儘管最近發生了自動化革命，但機器學習演算法──
引發近期人工智慧熱潮的主要驅動力──
所面臨的嚴重問題正日益浮現，
如果不能及時解決，並讓投資人滿意，
人工智慧可能還會迎來下一個冬天。

B

B

到目前為止，單一種AI系統只能展現有限的智慧片段。

即使研究人員正在把技術應用到更多領域中，

他們也愈來愈意識到局限的存在。

遮住部分臉部或違反常規的物件，就能愚弄臉部辨識系統；

從未遇過的道路狀況會讓自駕車遲疑；

不尋常的口音或術語也會妨礙翻譯系統。

一份預測指出：在狀況不斷變化的情境中，

頂尖的人工神經網路還不如人類幼童能聰明應對。

幼童能輕易辨識出一隻狗、組合簡單的句子，

同時也知道怎麼用iPad。但若要求任一種AI去進行這三件任務，

而它並非明確針對這三件任務所訓練的演算法，那就註定失敗。

蘋果的機器學習長約翰・吉南德里亞（John Giannandrea）
表示，AI之所以危險不在於它會帶來人類末日。
危險之處反而是AI既持有偏見，
而且還很愚蠢，卻已經用來管理某部分的社會。

A 麻省理工學院（MIT）開發
　的計畫行動演算法，用來協
　助畫分哪塊飛行空間是無
　障礙的區域。這種演算法能
　幫助無人機計畫各自的飛行
　路線，這樣在飛行時就不會
　相撞。

B 圖中呈現的是麻省理工學院
　所進行的專案：一套用來判
　斷飛行空間中何處是可通行
　範圍的資料庫，會預先寫入
　演算法中，飛行器能依此找
　出不會碰撞的路徑，確保在
　沒有預先飛過的前提下，也
　能安全無虞。

C 這張圖表描繪一種名為
　神經模組化（neural
　modularity）的演算法，可
　以減少「災難性遺忘」的發
　生。演算法仰賴可開啟或關
　閉的模組式神經網路，因而
　能在學習新事物的同時，也
　留住舊有技能。

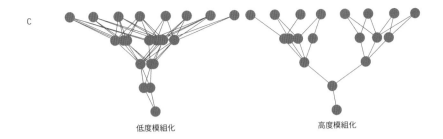

C

低度模組化　　　　　　　　　　　　高度模組化

災難性遺忘
人工神經網路為了執行新任務而學習新資訊時，
會傾向把過去學到的知識瞬間遺忘。

機器學習演算法的訓練方式是問題的主要來源。
深度神經網路在經過訓練後，會在神經元間建立一組突觸權重，
用來產出正確結果。針對神經網路受訓來處理的問題，
這些突觸權重會被最佳化。一旦調整了問題，
原先的突觸權重就不再有用，演算法便會失靈。
如此仰賴為問題特化的突觸權重，也帶來了另一種限制：
神經網路無法從過往的經驗中學習。若改變了要解決的問題，
神經網路就得從頭開始學起：現有的突觸權重會被「重置」，
而神經網路就失去它對過往學習經驗的「記憶」。
這種結果實在令人沮喪，AI圈便為此現象取了一個名副其實的名稱：
「災難性遺忘」（catastrophic forgetting）。

要是有人工智慧能靈活切換並理解學習項目，那將從根本上改變人工智慧的格局。

像這樣的人工智慧可以解決超乎
人類理解範圍的新問題。
AI通用化可能會為下一次AI大躍進奠定基礎，
並實現科幻作家數十年來的夢想
那就是打造出萬能且通用的AI。

A

真正的智慧並不會因為問題稍有改變就失靈；
它會直面問題。為了實現下一次技術的躍進──
不意外地──許多人正在竭力投入心血。

DeepMind的可微分神經電腦（differentiable neural
computer，簡稱DNC）就是一個例子。
它是受到大腦的概念啟發的深層神經網路，
並具備記憶系統。在使用隨機連接的圖形訓練時，
DNC不僅會學習資料中呈現的模式，
也會學習如何最大程度善用外部記憶體。
由於記憶是一種「知識資料庫」，
這種神經網路便有能力處理複雜的多步驟問題，
因為這些問題需要有意識使用知識來進行複雜推理。
利用這樣的組合，DNC就可解決需要理性推理的難題：
例如，使用複雜的倫敦地下鐵系統，
規畫一趟多目的地的旅程。

2017年，來自DeepMind的研究者發表了名為
彈性權重固化（EWC，Elastic Weight Consolidation）

B

A/B 為了提升AI認知的靈活
　　度，不同組織透過策略遊
　　戲的環境來訓練演算法，
　　其中包含《Dota 2》（圖
　　A，由OpenAI使用），以
　　及《星海爭霸2》（B，由
　　DeepMind使用）。
　C 深度學習是機器學習的子
　　領域，而機器學習是AI
　　的子領域。

的一套演算法，
讓神經網路模仿人類大腦，
經由固化神經傳遞路徑的方式，
維持它對技能的理解。這個演算法讓AI
在學習玩新的Atari遊戲同時，也不會失
去玩以前學過的遊戲的能力。

另一個關於機器的靈活學習的想法，則來自模仿小孩的學習方式。
舉例來說，給小孩一根熱狗，他會下意識在腦中建構熱狗的概念：
夾在麵包裡、圓筒形的肉品。跟AI不同的是，
小孩不需要看到數以百萬計的例子之後才能理解概念。
OpenAI試圖模擬這種從知識提取概念的高層級行為——
在本質上把常識賦予了AI演算法。

彈性權重固化
由DeepMind開發的演
算法，旨在解決「災難
性遺忘」的問題。

Atari
一間1972年在美國加州
桑尼維爾（Sunnyvale）
成立的公司。他們專門
開發如《俄羅斯方塊》
（Tetris）或《乒》（Pong）
等電腦街機遊戲。Atari
同時也以開發家用主機
遊戲與電腦遊戲而聞名。

C

在其中一個案例中，團隊打造了一座數位遊樂場，讓單一AI演算法能在不同遊戲之間來去自如，並將過去的知識帶到另一個遊戲中。
而另一個案例裡，他們創造出好幾個機器人系統，
也讓這些系統觀察人類在虛擬實境中是怎麼執行任務的。
就好比小朋友藉著模仿成人來學會技能那樣，
OpenAI的機器人只需示範一次就學會了任務。
紐約大學團隊則進一步延伸這個想法——打造出好奇的AI，
且還會學習如何提出有智慧的問題，並視每一個問題為單一的
微型程式。演算法在這種問答模式中得以從少量範例來學習，
再從已知的知識推斷、建構出要提出的問題。
同樣地，麻省理工學院最近宣布一項名為「智能探索」
（Intelligence Quest）的跨學院計畫，他們預計打造出會像
人類孩童般學習的AI系統，用這種方式對智慧科技進行逆向工程。

常被稱為「深度學習之父」的傑佛瑞·辛頓
（Geffrey Hinton）認為，現有的技術問題只是
「暫時的煩惱」。若這種說法正確，

A 教AI提出豐富、有趣且有趣的問題，已讓這些認知模型有能力玩海軍棋盤（Battleship）一類的遊戲（如圖所示）。AI學會掌握哪些問題才有意義，也會在特定的遊戲領域中產出新問題。

B 這套威脅監測系統是以人類的恐懼制約反應為基礎設計而成。在海上防空、電腦網路防護和自駕車安全等領域，此系統會利用到機器學習來偵測威脅或異常狀況。

A

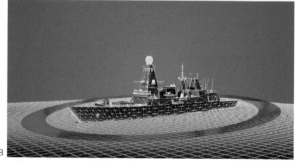
B

C 靈魂機器有限公司
  (Soul Machines Ltd)
  是一間從奧克蘭生物
  研究所（Auckland
  Bioengineering
  Institute）發跡的公司，
  目前正在設計一套大腦
  與臉部之間的互動式自
  動模型，目的是要增進
  人機互動中的表達能力。
  嬰兒 X 計畫（the BabyX
  project，如圖所示）針
  對虛擬嬰兒的心理生物
  學來進行模擬，研究人
  員從中即時分析輸入的
  影像與音訊，以產出基
  於神經科學的適當回饋。
  此系統還可透過具有解
  剖概念的介面，將內部
  過程可視化。

C

C

那麼 AI 可能注定會在人類社會中扮演比任何私人
助理、司機或診斷專家還重要的角色。
但同時，它也可能對社會結構與人類
在社會中的地位帶來不可逆轉的改變。
如果人工智慧以有機的方式成長發展——
能夠自學、甚至能自我複製——
那麼單一的 AI 就沒有理由不能獨立地彼此交流，
形成自己的 AI 共同體。

隨著人工智慧技術日漸成熟，
「倫理」會成為最困難的絆腳石，
也是人類社會需要應對的問題。

A

B

2017年，日本公司軟體銀行（SoftBank）在東京開了三間
實驗性咖啡店。一般情況下，這算不上什麼新聞，但店家
之所以引人注目，是因為裡面的員工全都是Pepper機器人。
這個通訊業產龍頭所生產的人形機器人
能用自然語言與人類互動。
Pepper機器人配備了可360度轉動的輪子、一對手臂，
以及位在胸口、方便顧客輸入資訊的平板電腦。
這些機器人能夠辨識常客的面孔，
並記得他們偏好什麼樣的咖啡。
此外，Pepper機器人還有能力偵測如開心、傷心、
憤怒或驚訝的情緒，並推斷顧客大致上的情緒如何。

這看似可愛的實驗卻引起一場媒體風暴，
許多文章宣稱我們正在見證「機器人末日」的
開端。新聞報導並非全無道理：
各產業都已感受到人工智慧帶來的革命性威力；
至於將因為AI而更加強化，
或者將被完全取代的工作種類，
兩者都在不斷增加中。

C

D

機器人末日

此詞彙描述在某個假想的反烏托邦未來中，AI將取代人類。這個詞出自2011年丹尼爾·威爾森（Daniel H. Wilson）所著的同名小說，全書以現在式的角度，描繪不受控制的AI。

物聯網

這個詞描述的是嵌入日常用品與家電（如冰箱）中、能相互連結的裝置。透過網路，這些裝置就能夠發送與接受資料。

A Pepper機器人在日本國際葬禮與墓園展（International Funeral & Cemetery Show）中執行佛教的葬禮儀式。

B 這台人形機器人可透過一系列的感測器與智慧程式與顧客溝通。

C 結合了擴充實境裝置HoloLens的Pepper機器人技術，能在日本宮崎機場協助指引旅客。

D 在香港，一台Pepper機器人正在歡迎旅客，以提升場館的服務品質。

隨著AI演算法逐漸滲透到社會的各個角落，它們可能會將目前的個人助理和旅行專員等角色取而代之。如Siri或Alexa等聲控系統，就能跟推薦器演算法完美結合，成為可完全理解人類需求的數位助理。2015年末，OpenAI推出了線上訓練平台，要幫助AI演算法學習在網路的數位世界中所能達成的一切事情。OpenAI以個人AI旅遊專員為例：未來的AI專員可能會評估社交媒體上可找到的評論，根據這些資料建議並推薦可獲得最低價機票或入住最頂級飯店的旅行日期。AI還可以在出發前提供用戶天氣預報，並根據航班時間自動設置電子信箱的外出或休假時自動回覆。此外，AI能夠用自然語言與當地的旅行社預訂景點門票，並且把對話翻譯出來。

此外，當AI與物聯網（Internet of Things）整合在一起時，就能讓智慧型手機、車輛以及智慧家電輕鬆與彼此溝通。例如，智慧冰箱可以讀取用戶的行事曆，透過智慧型手機提醒應該多買一些蛋來準備晚餐。接著智慧型手機會引導自駕車設定程式，在回家的路上順便到雜貨店簡單採買食材。

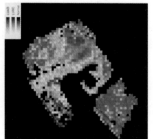

檢傷分類系統
醫學上使用的一套系統。面臨大量病人時，根據觀察到的緊急程度來決定治療順序。

A

數位工具與實體世界相互結合，瑣碎的工作大多就由工具代勞，也提高了使用者的生活品質。

用AI改革醫療產業的時機也已成熟。
隨著AI診斷系統的準確度與透明度提升，
它就能夠與電子醫療紀錄以及自動檢傷分類
系統結合，以簡化醫療服務流程。
舉例來說，利用語音分析診斷如心臟病或創傷後
壓力症候群（PTSD）的AI系統，
就可以幫助急救人員做足準備。

德國電腦科學家賽巴斯提安・特龍
（Sebastian Thrun，1967-）開發了可偵測皮膚癌的AI技術，
他相信AI能透過提供專業知識與協助，
強化醫療專家的能力。與冷酷無情的機器不同，
人類的放射師與病理學家經常在診斷過程中提出許多問題，
以了解疾病的根本成因。
在自動化工具的協助下，醫生可以監督AI診斷的過程，
並運用他們的經驗和直覺來評估機器的診斷結果。

然而，醫生持續留在醫療現場、親自執行工作，
這對於幫助病患逐漸習慣這種診斷過程有關鍵的作用。
在可預見的未來，人類醫生仍將擁有最終決定權；
現在的問題是要如何有效將AI工具
整合至他們的工作程序中。

在總體資料的層面，
因為人工智慧能從大量醫療紀錄和科學文獻中挖掘資訊、
找出結果，也讓客製化的醫療可能實現。
例如，將患者癌細胞的基因表現，
與先前的病例報告進行比較，
人工智慧就能為特定對象調配合適的藥物與劑量，
以確保個別病人接受到量身定做且細膩的治療方案。

A 紐約大學開發的一套演算法
（右）在分析癌變的肺組織切
片（左），這種演算法能區別
兩種不同類型的肺癌，準確
度達97%的。人工智慧能進
一步確認組織中是否存在六
種常見的異常基因，並幫忙
制定化療策略。

B 此儀器運用電腦成像技術，
探測皮膚在不同層級的分子
組成，在幾秒內就能偵測並
診斷出皮膚癌。加拿大的歐
幾里德實驗室將深度學習與
深層組織掃描相結合，能在
沒有活體組織檢查的情況
下，在早期階段識別出癌症。

C 像DermLite這樣的儀器，
能為智慧型手機加上強大的
鏡頭和LED燈，將手機變成
一台隨時能偵測皮膚癌及其
他皮膚疾病的載具。行動裝
置搭載更快的處理器與更高
效能的AI演算法，讓智慧型
手機愈來愈有機會變成智慧
診斷工具。

B

C

在獲得使用者同意的前提下，
人工智慧可透過分析 智慧型穿戴裝置
的資料，幫忙建立大規模的資料集，
以提供傳染病的傳播趨勢和公共衛生
政策的建議。

政府也意識到 AI 在醫學領域的前景，
因而提供獎勵與資金鼓勵相關研究。
前不久，時任英國首相的梅伊（Theresa May）宣布，
英國政府計畫斥資數百萬英鎊開發能夠檢測癌症的 AI 演算法。
該計畫希望讓 AI 在 2033 年之前協助至少 5 萬人在早期階段找出
特定癌症（前列腺癌、卵巢癌、肺癌與大腸癌）的徵兆。
美國食品藥物管理局（FDA，Food and Drug Administration）
過去已批准三種能診斷手腕骨折、眼疾與中風的 AI 系統在市場
上銷售，目前也正在制定新法規，
以加速針對內建人工智慧的設備與工具的核准流程。

A

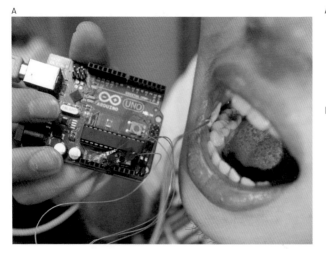

A 這款智慧型牙齒偵測器是
在台灣於 2013 年研發出
來的。它將一組加速儀與
牙套相互連結，並使用演
算法追蹤咀嚼、吸菸、吞
嚥與呼吸等口部動作，準
確率可高達 94%。

B 新加坡透過增強版
的自動入境通關系
統（Enhanced-
Immigration Automated
Clearance System）──
借助 AI 以協助減少入關
的時間。這套系統讓國
民、永久居民及持有相關
證明的旅客能藉由生物特
徵來通關。

B

政府支持、企業逐利以及學界興趣的三方結合，是人工智慧能持續快速發展的強大推力。技術革命總是會摧毀工作機會，而AI能夠自動處理自動化的能力，毫無疑問會為人類未來帶來影響。

根據世界經濟論壇（World Economic Forum）2018年初發表的一項預估指出，在接下來八年內，美國境內將有140萬人次的工作會被自動化取代；而世界第二大專業服務網路機構PwC最近的報告也預測，到了2030年，有超過40%的工作會消失。更令人心驚的是，美國顧問公司麥肯錫的國際研究院（McKinsey Global Institute）預測在接下來的20年，全世界近一半的工作會面臨自動化的威脅。

智慧型穿戴裝置
如智慧手錶或活動追蹤器等，設計給消費者配戴的電子裝置。這些裝置通常具備智慧功能，比如說有可幫助使用者管理糖尿病或規律服藥的應用程式。

世界經濟論壇
成立於1971年的瑞士非營利基金會，負責制定國際、區域及產業相關的行動目標。此論壇吸引商業人士、政治家與其他菁英分子的參與，共同磋商當前急迫的議題——如有關地緣政治或環境的問題。

這些可怕的預測又再度引起大家對全民基本收入（Universal Basic Income）的興趣。美國矽谷圈人士又特別熱衷此道。

伊隆・馬斯克與馬克・祖克伯等科技名人都支持這個理念。

時任矽谷創投公司Y Combinator總裁的山姆・奧特曼（Sam Altman，1985–）也資助相關的先導計畫，以檢驗大眾在沒有條件限制的情況下獲得金錢後的行為模式。從2019年起，Y Combinator會在三到五年內提供1000人每月1000美元，以進一步測試計畫的可行性。

此外，歐洲議會（European Parliament）則提出要對機器人課稅的想法：建議對機器人徵收所得稅，當成全民基本收入政策的經費來源，也就是將人工智慧創造出的財富公平分配給所有人。

然而，有人則擔心，除非自動化能顯著增加社會財富（並非必然結果），否則我們可能會因大規模的失業和貧困窘境，而進入衰敗蕭條的時代——此想法就稱為「技術性失業」（technological unemployment）。

不過，即使人的基本支出獲得保障、我們的工作與職業卻消失了，這樣會對自我價值感帶來什麼樣的影響？

並非所有人都認同這般宿命論且悲觀的看法，但多數專家承認，我們的未來勢必會迎來自動化。

A 日本豐田汽車（Toyota）使用工業用機械手臂每日可組裝約1400輛汽車，且還能提高組裝的品質、產能與安全性。在大規模的產品製程中，機器人協助生產已屢見不鮮。

B 2016年，儘管有倡議團體推廣，瑞士公民還是壓倒性否決了一項全民基本收入的公投提案。目前芬蘭、荷蘭與加拿大正在制定先導計畫，要先在較小的群體裡測試這種概念。

A

據有些人的說法，
人工智慧將會把人類從單調的工作中解放出來，
讓人擁有更多休閒時間，
進而見證史上最大規模的勞動力解放。
將工作外包給機器不是什麼新鮮事，
這在過去200年的人類經濟史中層出不窮。
正如先前每一次的科技革命都創造了新的工作機會
（例如AI軟體工程師或機器人工程師），
AI也將帶領人類對新型態的工作與職涯產生新的想像。

全民基本收入
一種社會福利計畫，政府會定期提供每位公民一筆金錢，不設定任何限制，無論其收入或社經地位高低，皆可領取。

Y Combinator
一間成立於2005年的美國公司，為新創公司提供初始資金、經營建議與人際網絡。此公司成功投資案例包含了雲端儲存服務Dropbox跟房屋出租平台Airbnb。

技術性失業
指由於自動化等科技進步而造成的大規模失業。此概念是由英國經濟學家凱因斯（John Maynard Keynes）於1930年代提出。

B

A

2017年，顧問公司麥肯錫預計，
透過減少人為失誤、提高生產品質與速度，
以及超出人類水準的產出結果，
自動化可使每年的生產效率增長0.8%至1.4%。
在許多國家的勞動人口急遽下降之際，
引進AI系統可減緩對國內產能造成的衝擊。
該報告預測，人工智慧所導致的勞動力轉型，
將與20世紀發生的情況相似——
科技業取代了部分務農人口。
正如過去的轉型並未造成長期的大規模失業，
AI革命也不大可能導致這種情況發生。

傻子學者
指患有學者症候群（savant syndrome）的人。這些人有明顯的精神殘疾，但卻在某些能力上有超乎水準的表現，通常是跟記憶與藝術相關的能力。

目前，幾乎毫無證據指出人工智慧正在改變整個就業市場：
自動化並未顯著提升工作效率，
勞動力市場也在持續改善中。

B

A 由無人機控制的農藥
噴灑器，甚至也應用
在中國農村中。在社
會需要用更少的資源
生產更多食物時，人
工智慧可能為農業帶
來革命性變化。

B 2016年，農具公司
Case IH 推出了第一款
高馬力、無駕駛座的
曳引機的概念機，農
人可以透過平板遠端
操作機具。搭載 AI 的
曳引機與設備能大幅
提高生產力。

最近有份報告研究了機器人
在17個國家中對製造業與農業造成的衝擊。
但這份報告發現，機器人並沒有減少人類的
總工作時數，實際上還提高了工資。
部分原因是因為現在的 AI 系統還不夠聰明，
所以我們目前只能初步探索自動化
會如何改變未來。
要讓 AI 系統徹底取代人類的工作，
科技必須變得比我們現有的傻子學者系統
還要聰明得多才行。
除非機器學習的問題能獲得充分解決，
否則 AI 系統很可能仍將停滯不前，
無法成為一位孜孜不倦、充滿熱情的實習生
（也就是有能力做好特定工作，但需要管理
階層的監督與資源投入）。
在 AI 發展到具有跟人類相同的水準之前，
人類仍將繼續留在管理崗位上。

雖然歷史教訓應該使我們停下來思索：與人類智慧相當的 AI
是否要成為現實？但很多 AI 研究人員、哲學家與未來學家相信，
通用型 AI 將在不久後成真。雷・庫茲威爾（Ray Kurz-weil）
在他 2015 年出版的暢銷書《奇點臨近：當人類超越生物限制》
（*The Singularity Is Near: When Humans Transcend
Biology*）中提倡科技奇點的想法，
並預測那將是 AI 能達到人類智力水準的時間點。
而這種非凡成就又會很快再促使超智慧 AI（superintelligent AI）
的崛起，為人類文明帶來前所未見的改變。

雖然奇點理論的狂熱支持者對這種天翻地覆的大事可能造成的結果
並無一致共識——無論認為那可能是迎來全球烏托邦的機會，
抑或是會引致災難的存亡威脅——他們都相信事件視界（event horizon）
就在不遠處。在最近一系列的調查中，AI 領域專家被詢問到：
若當前技術進步的速度不變，他們預測何時會出現與人類具有同等智力
的機器智能？平均而言，
他們認為 2022 年前達成這個 AI 里程碑的機率為 10%；
在 2040 年前達成的機率為 50%；而 90% 的專家則預測在 2075 以前
勢必達成。再被進一步問到完成通用型 AI 的幾年後，
超智慧 AI 將會誕生？75% 的受訪者預測僅需要再 30 年——
也就是人類可能會在 21 世紀後半葉見證到科技奇點來臨。

但要注意的是這些預測的關鍵假設：
技術要持續以目前的速度來發展。
迄今，電腦運算能力仍是呈指數型成長。
在過去50年，電腦晶片的運算能力也
確實是穩步向前進展，此現象最早
由英特爾的共同創辦人高登‧摩爾
（Gordon Moore，1929-）所提出。
時至今日，晶片產業的發展仍與摩爾的
預測相符，但有證據指出，
晶片的發展很快會面臨瓶頸。
晶片製造龍頭英特爾曾在2016年預估，
矽電晶體的體積在五年後就無法再縮小。

超智慧AI
一種仍屬於假想中的AI，
其智能幾乎在任何領域都
超越了人類，例如科學創
造力、一般推理與直覺。
超智慧AI是否會出現仍是
具爭議性的問題。

摩爾定律
指的是高登‧摩爾在1965
年的一項發現。他指出每
隔一年，單一晶片可乘載
的電晶體數量會翻倍。在
1975年，摩爾將此定律調
整為每隔兩年可翻倍。

由於英特爾會向Google或微軟等公司供應伺服器
晶片，硬體的進步若放慢速度或完全停止，
將嚴重扼殺通用型AI的研究進展。已有證據指出，
全世界超級電腦的開發在過去數年中停滯不前，
也就表示這些強大的電腦正因摩爾定律
（Moore's law）日漸失效而逐漸陷入掙扎。

A 一名瑞薩電子（Renesas
　Electronics）的員工行
　走在該公司設於日本常
　陸那珂市的那珂晶圓廠。
　瑞薩電子是世界上最大
　的微控制器製造商。
B 2014年上映的電影《人
　造意識》（*Ex Machina*）
　劇照，該片導演為亞
　力克斯‧嘉蘭（Alex
　Garland）。這部電影探
　討機器的自我意識。深
　度學習概念的普及也再
　度引發關於機器思維與
　意識是如何構成的相關
　討論。

B

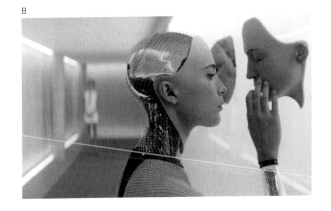

人工智慧迫在眉睫的發展障礙，也引起了大幅改造整個電腦晶片架構的興趣。

目前的矽晶片，如中央處理器（CPU）
或圖形處理器（GPU），
並沒有為了應對深度學習演算法的運作，
而將處理器最佳化。
近來，晶片製造商和AI巨頭持續在探索打造
神經型態晶片（neuromorphic chip）的可能性。
這種晶片能夠使用模擬大腦神經元與突觸的
電子元件來處理資料，
並以硬體形式建構出人工神經網路。
神經型態晶片無需運作深度學習演算法，
而是將AI所需的一切，直接用硬體來實現。

A

A 英特爾的神經型態晶片Loihi使
用了模仿大腦的運算機制，這
種「非同步觸發」的機制，能夠
讓晶片從環境回饋中學習。此晶
片的學習速率大概比當前處理
類似任務的硬體快上100萬倍，
而且也能減少約1000倍的功耗。

B 2017年末，英特爾發表了神經
網路處理器Nervana。這種處
理器承諾能為AI演算法提供更
高的效能以及更佳的可擴縮性。
此AI硬體擁有專為深度學習打
造的特殊架構，因此與現在多
用來執行AI的圖形處理器相比，
Nervana可展現出更佳的功耗
表現。

B

中央處理器
這個電腦的核心元件會執行電腦程式來處理資料。

圖形處理器
專門處理圖像的電子迴路，可並行處理多個資料區塊，因此能減少運算時間。

相變材料
會因環境改變（如溫度變化）而引發物質狀態（固態、液態和其他狀態）改變的材料。

一片神經型態晶片通常能在很小的體積內容納多個運算核心。
與生物神經元相似，每個核心能處理由多個來源輸入的資訊
並進行整合。如果輸入的資訊到達臨界值，
運算核心就會產生輸出的訊號。
這種運算方法跟現今的電腦有根本上的不同，
因為現有電腦中的記憶體與處理器是分開的。
神經型態晶片則將這兩個元件緊密整合，
同時也能顯著降低功耗。另外，神經型態運算核心運作的順序，
也跟目前的CPU相當不同，它可以形成類似蜘蛛網狀的
並行運作網路，因而能大幅提升晶片的運算速度。

2014年，IBM率先研發出神經型態晶片，
並創造「認知晶片」SyNAPSE，它採用了受大腦概念啟發的架構，
並包含54億個電晶體與超過4000個神經突觸核心。
儘管是IBM有史以來製造過最大的晶片，但在實際運作時
它僅需70毫瓦的功率，比傳統矽晶片消耗的能源低上許多。
幾年後，IBM又利用相變材料（Phase-change Material）
的特性，去模擬生物神經元的放電模式。

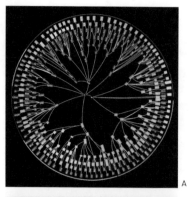

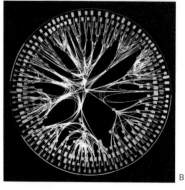

研究團隊利用相變材料就能將晶片體積縮小至以奈米計的尺度，並在耗能極少的情況下快速完成複雜運算。

2016年，普林斯頓大學（Princeton University）提出了另一種截然不同的概念，他們完全避開使用電力，而是用光子（Photon）來驅動具有多個「神經元」的神經型態晶片。經過了一系列的實驗，結果顯示奈米光子晶片的學習方式，與深度人工神經網路很相似，但卻是以光速來進行。跟傳統電腦相比，光子神經網路在解數學習題的表現上速度快了近2000倍。

A/B 這些圖表顯示出獼猴大腦中的白質路徑。神經科學領域正傾注大量心力進行神經追蹤，以揭開大腦各部位的功能與組織之面紗。

C 這張霓虹漩渦圖靈感來自於獼猴大腦，也被用來設計新的電腦晶片。

也有許多人投入心力在利用與人類大腦相容的有機材料研發人造突觸。

史丹佛大學與桑迪雅國家實驗室（Sandia National Laboratories）所開發的電子儀器（ENODe），能模擬生物突觸中的運算過程。

該晶片的縮小版可望將耗能降低數百萬倍，並可直接與活體大腦相互連結，

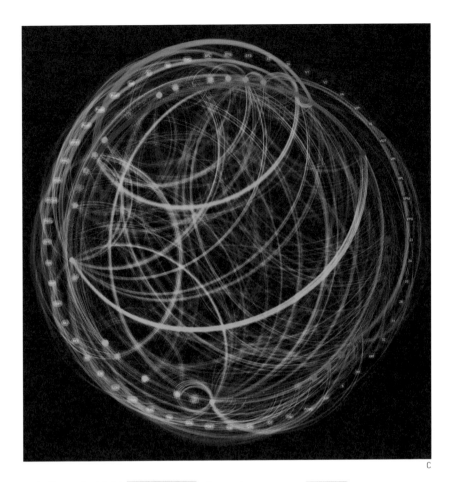

C

形成更完美的腦機介面（brain-machine interface）。

最近，美國國家標準暨技術研究院（National Institute of Standards and Technology）的科學家發表了新的神經型態晶片，它具有比人腦更快、效率更佳的運算速度。

生物突觸
大腦中兩個神經元間的相交點，可讓神經元透過電訊號或化學訊號相互交流。

腦機介面
將大腦組織與外部電子裝置（如電腦或義肢裝置）直接連接起來的系統。該系統能將大腦中的電訊號與電腦的指令相互轉譯。

更振奮人心的是，我們有可能透過
外部或植入的電子晶片，
來修復或擴展人類的大腦功能。

神經義肢的原型技術已在一定程度上，
讓癱瘓的病人能再度行走、使盲人重見光明。
這些系統通常由一連串直接植入大腦的電極所組成，
這些電極會記錄下神經訊號，
並將其傳輸到外部電腦，
而外部電腦則使用 AI 分析資訊。

A

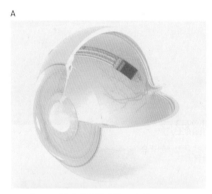

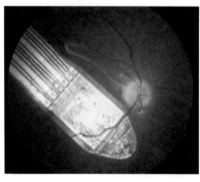

神經織網
一種由精緻網狀物製成的大腦植入
物，可以與電腦進行無線通訊，並
根據需求釋放出化學物質。理論上，
此設備可幫助治療神經退化的疾病
（neurodegenerative disorder），如
帕金森氏症；或者也能將義肢直接與
大腦連接，這麼一來配戴者就能用大
腦來移動這些人造的肢體。

B

A 正在研發中的植入性視網膜義
　體，如圖中所示的 Alpha AMS，
　能恢復盲人的基本視力。這些植
　入物通常內建微晶片，會直接刺
　激眼睛健康的部分，視覺資訊就
　能沿著視神經傳遞給大腦。

B 光遺傳學（Optogenetics）利用
　光來控制經基因改造過的神經
　元，讓細胞膜上的光敏感通道能
　隨之表現。不同頻率的光會改變
　受損運動神經元的活動層級。這
　種方式曾被用來減緩老鼠的帕金
　森氏症症狀。

這麼一來，使用者的意圖
（例如移動義肢）就可被解碼，
並轉換成一組移動手臂的電腦程序。
類似的系統也能反過來向將義肢體驗到
的感覺回傳到大腦中。

為了降低植入電極手術對大腦的傷害，科學家正在研發更小、
更安全有效的探針，能直接插入大腦來記錄電訊號。
2016年，有團隊開發出名為「神經塵埃」（Neural Dust）的感測器，
這個粉塵大小的無線感測器，是透過超聲波驅動以促進神經元反應，
但在植入時只會造成極小的組織損傷。
其他團隊也已開發出使用磁鐵來記錄與複製神經傳導的方式。
2017年，由連續創業家馬斯克共同創辦的新創公司 Neuralink，
正在研發名為「神經織網」（Neural Lace）的新型大腦植入物。

儘管目前幾乎沒有證據指出，
我們可將諸如記憶或人格等大腦的高階功能儲存進植入的晶片中，
但科學家正在快速破譯大腦內電訊號中的訊息內容——
迅速採用AI技術來當作輔助，無異於促使破解訊息的過程得以加快。
今日已經有能透過閱讀大腦活動，大致解讀夢境或重建臉部的技術。

更振奮人心的是：對一小群患者的早期研究指出，在神經迴路中，與學習任務相關的訊號可被電腦記錄下來，交由AI分析後，再透過植入的電極回傳至大腦。研究團隊只要透過大腦自身的腦波電訊號來刺激神經元，就能提高測試對象的學習效率。未來的光景或許不難想像：人類的部分思考過程可自動外包給電腦，只是有個前提是，我們得先接受很不吸引人的大腦手術。

A 軍方對於如何在訓練士兵時，使用非侵入性的腦機介面特別感興趣。分析大腦活動的進階演算法已被開發出來，可透過腦波來執行更精密的操控。

B Google雲端張量處理器（tensor processing unit，TPU）的部署單位，能為研究人員提供強大的硬體，藉此建構出新的機器學習模型。因為這些模型經常需要大量的運算資源才能訓練與運作。

A

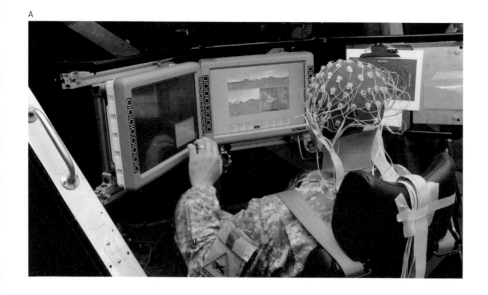

此外，開發可與大腦相容的晶片，
可能會帶來關於大腦如何進行基本運算的新知。
而這些資訊可用來讓深度學習的電腦晶片設計
更趨完善，畢竟深度學習本來就是在粗略模仿
大腦神經元的運算方式。

目前多數的神經型態晶片還只是在實驗階段。
因為許多設計仍需仰賴特殊的材料（例如需要保存在液態氮中的物質），
而且生產成本很高——這些晶片是否能離開實驗室、解決現實問題，
還有待觀察。然而，大家對這些晶片抱持很高的興趣，
而且似乎每隔幾個月就會有新的進展。除了神經型態運算，
包含ARM和Nvidia在內的大型晶片公司，
也正邁向開發出能支援機器學習的電腦晶片的路上。
Google等公司也在研發自己的內部方案，舉例來說，
Google雲端張量處理器的處理速度就比英特爾處理器快了30倍；
在機器學習任務的功率效率方面，也比英特爾好上80倍。
包含亞馬遜、臉書與微軟在內的各家科技巨頭也加入了這場競賽，
希望能開發出更好的電腦硬體，以支持通用型AI的研發。

B

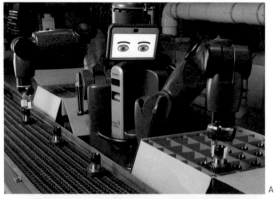

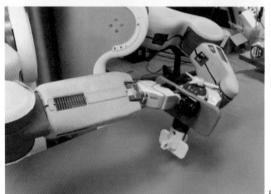

運算神經科學

腦科學的子領域，使用數學與統計模型研究大腦傳遞資訊的方式。也稱為理論神經科學。

A Rethink Robotic 公司的巴克斯特（Baxter）機器人，可提供安全、靈活與標準化的硬體，因此企業與學術界就能針對特定的需求，訓練並使用這些機器人。
B 由 Willow Garage 研發的 PR2 機器人，被柏克萊大學用於研究深度學習如何執行日常任務，例如組合出簡單的物件和折疊衣物。
C 運算神經科學從不同的行為模式（如圖示的上半身活動）中，破解神經編碼或神經元的電流活動模式。

上述的種種努力——至少在硬體方面——
可駁斥再一次的人工智慧停滯期之說。
更急迫的問題則是，深度學習——
現今 AI 的主要驅動力——是否在不久後就會到達極限。
若科技的進步只仰賴單一主流想法，
那麼一定會遇上重重限制，
畢竟每種想法分別有其獨有的優勢與限制。

葡萄牙的 AI 專家佩德羅‧多明尼哥（Pedro Domingos，1965-）在他 2015 年出版的著作《大演算》（*The Master Algorithm*）中解釋，更可能造就通用型 AI 的先決條件，

得要將不同機器學習領域相互整合：深度學習加上進化式演算法（evolutionary algorithm），或者貝氏定理加上符號推理（symbolic reasoning）。像深度強化學習這種混種的演算法，已被證明比在它之前的演算法更為強大。雖然要統合不同理論陣營的演算法，在概念上頗具挑戰性，但多明尼哥認為破解 AI 停滯期的關鍵，就在於多種演算法的整合，而非把努力統統灌注於像深度學習這樣的單一演算法。

在電腦科學之外，相近領域也能帶來一些思想的碰撞。例如運算神經科學（computational neuroscience）就提供了從人類大腦延伸而來的演算法，帶給機器學習社群靈感。一如神經科學正迎來大數據時代，運算神經科學也可能為機器學習帶來更大的推動力。

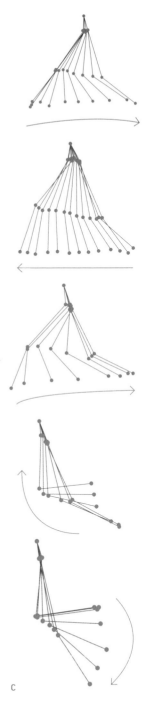

c

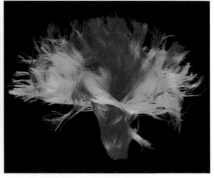

A

由歐盟領導的人腦計畫（Human Brain Project，HBP）於2013年啟動，希望能在電腦中模擬大腦內850億個相連的神經元。此計畫已獲得20億美元的投資，橫跨腦功能繪圖（brain mapping）、計算神經科學與機器學習三門學科，主要目標是要透過3D技術重建整個大腦及腦神經網路。理論上，這項重建應該是原始大腦的數位分身，包含原有的智力跟記憶。接著，這個數位大腦就會上傳到虛擬環境中與世界互動，或是用來驅動機器人。

全腦模擬的過程並不需要科學家在複製前先理解智慧的運作原理，而只需要腦功能繪圖技術，就能重建出夠細緻的大腦。然而，目前幾乎沒有證據能證明，在數位環境中所複製的大腦結構，會自動生成與人類同等的人工智慧，因為人類腦中的連結會不斷變化，而科學家也需要知道這些連結是怎麼隨環境的不同而改變。此外，因為與人類同等的人工智慧是奠基於人腦的運作方式，所以這可能會限制超智慧AI的後續發展，儘管這樣的限制可能不算是缺點——尤其對那些相信「殺手機器人」（killer robot）之後將會出現的人來說。而這種情況確實會對希望進一步發展AI的未來世代構成挑戰。

全腦模擬
這種假想的過程，能在電腦中重建某個特定大腦的精神狀態。由於訊息是儲存在大腦神經元的連結中，一些科學家認為利用數位技術重建大腦連結，也能重建出原始的心智。

腦功能繪圖
一套神經科學的技術，可用來詳細探討神經科學中的結構與連結——通常會把大腦切成薄片、放在顯微鏡下觀察。科學家藉此方法仔細檢驗神經之間的連結。

神經編碼
神經元處理資訊的過程，通常關係到神經元群透過電訊號產生特定行為與思考的方式。

A 人腦連線組計畫（The Human Connectome Project）是首次大規模的嘗試——力圖破譯人腦中腦功能連結的完整細節。

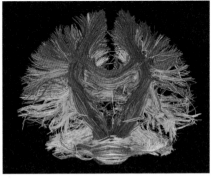

除了單純複製人腦，
有些研究者想提取大腦的
主要演算法來驅動智慧型機器。

這樣一來，關鍵就不在於複製大腦內部的物理連結，
而是要模仿它運作的方式。最近美國政府資助了一項
1億美元MICrONS計畫，是美國前總統歐巴馬所發起的
腦科學計畫（BRAIN Initiative）的一部分，
目的為開發創新技術，並促進我們對大腦的理解。而這項
計畫更明確的目標是要利用哺乳類大腦皮層中的生物學
演算法來革新機器學習。藉由研究哺乳類的視覺皮層
（大腦中負責處理視覺刺激的區域），MICrONS計畫希望
能將感知運算提煉成數學式的「神經編碼」，再輸入電腦中。
用這種方式，科學家就能利用人腦現有的演算法，
發明出更有智慧的機器，
讓它像人類一樣熟練地處理圖片與影像。
類似的策略也可用於增強AI系統目前在其他領域遇到
瓶頸的表現，例如聽覺或靈活的推理能力。

A

A 像這種日漸複雜的機器人具備了經過增強的學習能力與運動程度，也就是AI未來的樣貌。然而，要得到更廣泛的社會認同，研究人員得先解決「恐怖谷」的問題。

B 自學的發明家陶向禮自製的機器人──可見機器人技術並不局限在特定族群手中。這個機器人能以簡單的方式移動四肢，還能模仿人的聲音。

透過結合神經型態晶片、受大腦啟發的軟體、
新穎的機器學習演算法與其他發想，
這股強大的混合力量最終將會實現數十年來
大家夢想中的通用型AI。
一旦達到人類的智慧水準，這些新發明的AI系統
就可以用人類工程師無法企及的速度，
反覆測試演算法與想法，進而研發出更有智慧的系統。

通用型AI的概念一旦實現，人類社會可能很快會見證科技發展大爆發，並因此催生出超智慧AI。

超智慧體也許是個駭人的概念。
因為理論上這些系統有能力去學習關於
這個世界的所有事物，而似乎無可避免地，

B

它們應會認為消滅人類才符合自己的利益。
在2014年的航空太空百年學術研討會
（AeroAstro Centennial Symposium）上，
馬斯克宣稱AI是人類「最大的生存威脅」，
並呼籲監管機構要「確保我們不會做出愚蠢至極之事」。

像馬斯克這樣的觀點並非人人都同意。史丹佛大學《AI百年報告》的
研究小組發現「沒有需要擔心人工智慧會對人類構成迫在眉睫威脅
的理由」。普林斯頓大學的資工教授瑪格麗特・馬托諾西
（Margaret Martonosi）指出，在面對一種具有巨大社會效益的
科技時，「優先考慮威脅」的思維方式是錯的。
一份2014年發布、關於擁有人類水準AI對人類長期影響的調查報告中，
大約60%的AI專家表示：結果要不是「非常好」，就是「總體上很好」。
儘管媒體對超智慧AI系統可能造成生存威脅危機做了大肆相關報導，
但AI專家認為，這是AI宰制世界後最無需擔憂的後果，
最值得擔憂的還是工作可能消失，以及社會偏見日益加劇。

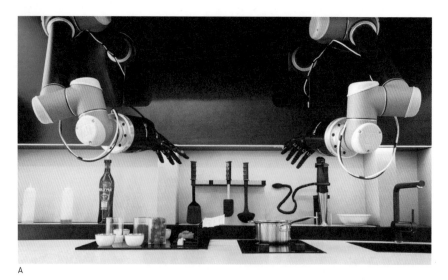

A

儘管 AI 比起人類過往使用過的任何工具都強大得多，
但它仍舊只是工具、是設計來服務其創造者——
也就是人類——利益的。
就和其他工具一樣，
科技的本質並無好壞之分。
智能本身並無動機可言：
控制目標的是人類，而演算法本身並無意志，
除非有人為了特定目的寫程式，則另當別論。
即使未來人類將編寫機器學習程式的工作外包給 AI，
我們仍然可主宰 AI 的最終目標：增強人類。
被設計來料理晚餐的 AI，
有可能烹飪出含有多元風味的各種菜餚；
它甚至能以自己的知識庫為基礎，創造出新食譜，
卻不會突然「決定」要謀殺主人或放火燒了屋子。演
算法是透過訓練資料來學習的，
除非有心懷不軌的人類軟體工程師決定將謀殺

與縱火寫入程式的可行目標中，
否則這些行為永遠不會成為AI技能的一部分。

通用型AI（甚至超智慧AI）既非全知，
也不是無所不能。就跟其他有智能的生命一樣，
它需要不同的知識庫來解決所要解決的問題。
被設計來找出致癌基因交互作用的AI演算法不需要具備
臉部辨識的能力；用來在人群中辨識臉孔的演算法，
同樣也不需要知道任何有關基因交互作用的知識。
通用型AI只說明了：單一演算法可以完成多種事情；
並不代表它能同時間做所有事情。

A Moley Robotics打造出
世界首座機器人廚房，當
中配備了一組進階的多功
能機械手臂，以副主廚的
身分融入廚房的基礎設施
中。於漢諾威展覽館舉行
的國際機器人展上，這套
系統大受歡迎，而提供給
消費者的版本則會包含一
份食譜庫。

B 取自經典科幻電影《2001
太空漫遊》（*2001: A
Space Odyssey*，1968
年上映）的電影劇照。這
部電影向大眾介紹了擁有
感知能力的AI的概念。
電影中殺了人的電腦HAL
9000雖然最終仍被關機，
但也引起一波討論AI發
展，以及如何顧及倫理與
安全性的科學論戰。

B

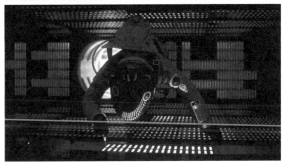

A

另一種擔憂就是俗語說「實現三個願望的精靈」的情形——
人類無意中向AI請求達成某個目標,最終卻導致人類滅亡。
然而,正如AI專家佩德羅・多明尼哥與認知心理學家史帝芬・品克
(Steven Pinker,1954-)所指出,這種論點之所以荒謬,
是因為它預設人類會自願將某種意念寫進AI程式中,
然後在未經驗證可否正常運作之前,就給予AI控制權。
雖然通用型AI可能會需要超乎預期的時間去解決困難的問題
(或根本無法解決),但是最佳解方絕對是在
部署演算法之前先做好有效的檢查。

A 太空人助理系統CIMON(組員互
動移動夥伴,Crew Interactive
MObile CompanioN)是由空中
巴士(Airbus)所研發、用來輔
助國際太空站(ISS)太空人的移
動式自動助理。它被設計成能自
由飛行的「大腦」,在日常任務中
會用臉部表情與太空人互動。

B 2018年7月,SpaceX將CIMON
遞送至國際太空站。透過實驗,
希望能深入理解在孤立且高壓的
工作環境下,AI從旁輔助會有哪
些優點或缺點。太空人亞歷山大・
格斯特(Alexander Gerst)會跟
CIMON合作完成三項任務:執行
醫療程序、進行晶體實驗以及挑
戰魔術方塊。

除非人類有意識將
「需求」或「意志」的
概念寫入AI演算法中,
否則即使是超智慧AI
系統也會為我們工作。
或者更理想的是,讓AI
與我們並肩合作。

B

2017年，一份關於人工智慧對未來就業市場的影響報告中，
顧問公司麥肯錫預測我們將迎來整體生產力的大幅成長，
然而那必須是人類與機器並肩工作、
共創親密合作關係的新時代。
如今，包含IBM和微軟在內的公司都在尋求方法，
要讓人類與AI能和諧地以高效率合作。
微軟認為，AI公司應想辦法補足人類智能力有未逮之處，
而非試圖複製出人類的智慧。
例如，通用型AI若能扮演個人助理的角色，
就可幫助我們克服忘性或易分心的傾向。
比起取代人類所扮演的角色，
AI倒是能讓我們卸下一些低層級的腦力任務，
一如我們現在將記憶的任務外包給智慧型手機那樣。
我們應該努力創造出「AI+人類」，
而非「AI取代人類」的未來。
在那樣的未來，工作者會與科技相輔相成，也更加有效率。

加州大學柏克萊分校（UC Berkeley）的機器人研究員肯・郭德堡
（Ken Goldberg）提出了「多樣性」（multiplicity）的概念，
以此來設想人、機親密合作的未來──我們其實已生活在其中。
每當你打開Google地圖讓它來指引到達目的地的路線時，
某種程度上，這都是在與演算法協作。在智慧型軟體的協助下，
稅務會計師的工作變得輕鬆許多，而自從2016年Google翻譯升級、改版後，
譯者的工作效率也大幅提高。在亞馬遜物流中心，人機協作已是稀鬆平常的
風景：超過10萬台的機器人會自動運送產品給人類包裝工人。
忙碌穿梭於倉庫中的機器人從來不會累，
而人類也可專注處理較需要靈活技巧的工作。

即使是寫作這種講求創造力的事情，現在也能將初始工作
交給AI系統來完成。法律文件生成器ROSS可編寫出清晰的
備忘，再讓律師進一步修潤。此系統能省去律師整整四天、
用在梳理上千頁判例法的時間，而人類律師也得以在
每個案件中展現他們的思維力，產出更深入的論述，

數位新聞計畫
Google在打擊假新聞以
及支持媒體業的嘗試。此
計畫於2018年啟動，具
體目標是要開發出新的工
具幫助記者完成工作。

A 在日本，圖中這台人形
機器人在自動找零機的
機器生產線上，與人類
員工並肩工作。日本正
在大舉投資機器人與其
他自動化科技，以解決
勞動力短缺的問題，並
刺激停滯不前的經濟。

B 加入Google翻譯系統的手機應用
程式Word Lens讓使用者可用智
慧型手機的相機鏡頭對準圖片，
然後就在螢幕上取得即時的翻譯。
Google翻譯於2006年引入神經機
器（neural machine）翻譯後，減
少了87%的翻譯失誤率。這是深度
學習商業化早期的成功範例。

A

B

並寫就更理想的文字。

最近，Google的數位新聞計畫（Digital News Initiative）資助名為RADAR的自動新聞寫作系統。

此系統能從公開資料庫中讀取資料來尋找新聞。

這一款機器人並不會取代深度報導，但以地方新聞的產量來說，新聞寫作系統的工作效率是人工報導速度所難以企及的。

這些例子說明了，關於自動化真正的故事並不是人類失去了什麼，而是從中得到了什麼：我們生活在有AI增強生產力的時代，隨著智慧型機器日趨繁複，人類與這些機器的互動也會更加複雜化，甚至會以目前無法想像的方式持續發展。若要跟上時代的腳步，關鍵是要釐清機器可以取代工作的哪些部分、人力能又在哪些方面創造價值。

隨著自動化的發展，人工智慧也將接手人類的更多工作，有人擔心這種轉變可能在突然之間發生，讓大家措手不及。話雖如此，我們還是走上了讓AI取代人類工作一途，因而有迫切需要去思考、甚至下定決心——在人工智慧幫忙強化的世界裡，人類下一步要何去何從？

結論

多年來，人工智慧一直被空洞的承諾與各種炒作所詛咒。但這種情況將畫下句點。

AI系統終於進到一般人的家庭與生活中，
而且會一直這樣下去。過去10年的深度學習
革命以前所未見的速度讓AI迅速普及開來。
多虧了先進的人工神經網路技術，
社會見證了電腦視覺與自然語言處理的顯著發展，
我們因而能運用臉書的自動臉部辨識標籤系統
和聲控助理等科技。
目前，在程式後台運作的數位個人推薦系統是
深度學習在一般消費世界裡最成熟的應用方式。
事實上，許多人在使用Google搜尋引擎或亞馬遜
和Netflix的推薦器時，完全沒意識到這些功能
都是由AI所驅動。

因此，即使人工智慧已進入了公共領域，
大家卻可能還沒完全意識到AI在社會中的普遍程度。
這有部分是因為對AI片面的印象把持了相關議題的論調。
長久以來，「殺手機器人」這種科幻小說的經典橋段已深植在
大眾腦海，它刻意描繪AI可能對人類有破壞性、
會威脅到物種生存的景象。
雖然AI科技對人類未來會造成的最終影響尚未明朗，
但是只強調AI威脅的言論將扼殺其他有建設性的討論，
我們更難好好探究此科技的未來走向。
事實上，這種言論從兩個角度看來都很危險。

A

首先，社會正處在關鍵十字路口：
我們要決定如何使用人工智慧科技
才能在最大程度上造福人類，
並促進自由、平等、透明，以及財富共享。
過度強調人工智慧對人類生存的威脅，
會將大家寶貴的注意力，從「如何降低
偏見」之類更急迫的問題上轉移開。
其次，對人工智慧「能／不能做些什麼」
的相關誤解，也可能促使大眾反對
可造福社會的科技發展、阻撓創新。

我們不去理解 AI 能為
人類帶來巨大變革的潛力，
卻寧可悲哀地為此科技的未來設限，
這樣等於也局限了我們自己的未來。

A 阻止殺人機器人運動（The Campaign to Stop Killer Robots）是由非政府組織共同組成的國際聯盟，出於對安全、法律、技術、倫理、道德的考量，該運動呼籲大眾應針對全自動武器實行預防性禁令。全自動武器缺乏人類的判斷力與理解脈絡的能力，一旦研發完成，這些機器人武器將能在沒有任何人類介入的情況下，選擇向目標開火。「殺人機器人」的開發也對下列問題構成了根本挑戰：要如何保護平民？又要怎麼遵守國際人權與人道法以及戰爭法？而我們能對武力的使用究責嗎？

人工智慧的成功標準要從它所創造的價值來衡量。
隨著我們的社會見證了自駕車
與其他人工智慧具體的應用案例，
大眾也會對日常生活中AI所扮演
日漸重要的角色有更廣泛的認知。
而接下來的10年會是形塑公眾
如何看待AI的關鍵時刻。

若在運輸、醫療與其他領域的人能做足準備、
以放鬆的心態接受AI，
那就有可能造就科技為產業帶來的成果。
信任感非常重要。
AI系統會因為失敗而受到嚴厲
（甚或不公平的）批判，
例如自駕車造成的事故比人類司機
引發的車禍還能吸引媒體的焦點──
儘管前者的平均安全率相對更高。
採取策略以強化我們對AI運作方式的理解，
將有助於建立人機互動的信任。
此外，公眾對AI科技的參與，
也能進一步為消費者帶來掌握AI的踏實感。

A

B

例如開車通勤族可選擇是否要分享
車輛開啟自駕模式時的資料，
或者也可參與論壇，
就他們對自駕車的使用與疑慮，
提出有意義的意見回饋。

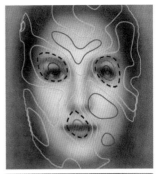

要在人類與人工智慧之間建立
信任，我們得避免歧視社會的
各個階層。

人工智慧日漸受到法律、金融與醫療界採用，
針對其使用上與責任歸屬的問題——
即使是不加以監管——也需要大眾更多討論。
就如前幾章提過的，
機器學習根據過往模式來預測未來結果的能力，
引起了大家對其預測信用風險
或再犯機會的高度關注。
可以說人工智慧面臨的下一個大挑戰，
會在於該如何確保種族、性別、性傾向和
社會地位等歧視性因子，不被用來影響 AI 決策。
在這方面，政府可能有必要介入，
以避免責任統統交由企業來承擔。
促進人工智慧在整體社會中公平
且廣泛的使用政策，可有助降低這種風險。
隨著此科技在社會上的應用範圍益發普遍，
企業將被迫考慮調整演算法，
以適切應對日漸增加的使用人數。

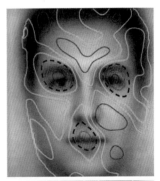

A 凌雲（Lingyun）是未來感
　十足的兩輪「智慧型」電動
　車，目前正在北京進行測
　試。這款流線造型的汽車
　使用陀螺儀來保持平衡，
　可望有效緩解交通壅塞的
　問題。
B 2018 年一場 Tesla
　Model S 因自動輔助駕駛
　（Autopilot）而起的車禍，

重新引發社會對自駕車安
全性的辯論。然而，自動
輔助駕駛並非全自動駕駛：
系統會要求駕駛的手留在
方向盤上。
C 蒙特婁大學的研究發現，
人類眉毛與口部範圍的色
彩深淺及亮度，能協助系
統快速辨識照片中人物的
性別。

C

A

有鑑於人工智慧蘊藏的改革潛力之大，我們應該要推動新的
相關法規才行，儘管人工智慧本質上實在很難定義、
也很難受到相應的管制。近 30 年前網際網路剛問世時，
沒有人預料到它會為個人與社會帶來負面的結果，
如侵犯個人隱私、沉迷於社交媒體，以及假新聞的盛行。
那麼同樣地，我們要怎麼預測當今的 AI 科技
可能帶來的機會與威脅？

目前既有的政治機構，是否具備監管 AI 技術龍頭的知識與權威？
除非人工智慧開發者主動與監管機關分享他們的研究成果，
否則這些機關又怎麼能評估此技術可能對社會造成的威脅？
透過廣泛的法律規定或政策，鼓勵 AI 企業視保護消費者為己任，
可能是執行有效監管的最佳做法。而在隱私、安全與社會公平方面，
鼓勵大眾秉持道德來使用人工智慧的相關政策也有其必要。
智慧財產權法可能需要調整，以促使企業開發出新的人工智慧應用
方式。政策的訂定必須進一步打造出透明的環境、促進各行各業間的
技術轉移，並鼓勵 AI 企業與大眾和立法者相互對話。
人工智慧持續演進並融入社會的同時，我們的法規也得重新評估調整。
若希望人工智慧造福人類，那麼在社會價值、
政治與經濟體制上，也必須要有巨幅的改變。

在接下來20年內，
我們一定會見證交通、醫療、教育、就業、
娛樂以及公共安全等方面的大改變。
在人工智慧演算法突破自身極限、
逐步達成通用型AI的目標後，
此科技必會對社會造成徹底的衝擊。

人工智慧會取代人類嗎？
部分答案取決於我們
怎麼使用這種科技。

如果我們用畏懼、
懷疑與驚恐的態度看待人工智慧，
那就可能無意中使相關研究轉為地下化進行，
也終結了本可確保人工智慧系統安全
與可靠性的重要工作。

A 《無人深空》(*No Man's Sky*) 是一款探索外太空的大型多人遊戲，特點是遊戲中的宇宙完全由演算法生成，有超過18兆顆獨特的恆星與行星，且每一顆星球都能上去探索。

B 這幅圖畫描繪了2016年美國總統大選間，機器人是怎麼分享選舉相關的標籤。每個點代表一個推特帳號，而一條線代表一次轉發。可能為機器人的帳號以紅色呈現；可能是人類的帳號則用藍色表示。

B

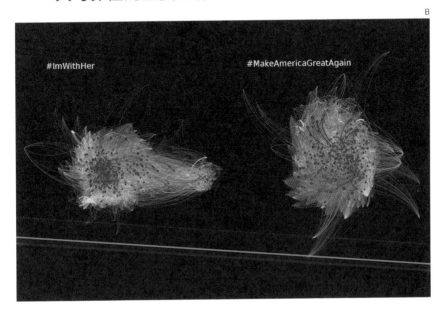

#ImWithHer　　　#MakeAmericaGreatAgain

A

如果我們縱容人工智慧完全不在倫理或
包容性等前提下發展，
那就可能讓社會演變成日益偏執和不公的世界。
如果我們把人工智慧系統視為工作的替代品，
而非考慮人工智慧能怎麼樣提升我們的工作
與生活，那人類便可能面臨生存危機。

然而，若我們保持心胸開放，
允許人工智慧系統能在科學家、政策制定者、
社會科學家與用戶的監督下發展成熟，
就可能迎來一種截然不同的未來。
公開討論道德、倫理與隱私，
有助於防範科技遭到濫用。
關於人工智慧所創造的財富要如何公平分配，
以及怎麼樣能成就生命的意義等哲學討論，
也能逐步幫助我們適應一個大多工作
都委派給人工智慧的世界。

B

A/B Google 地球在 2017 年進行了一次大型更新：導入 3D 地圖與導遊功能，因此用戶可待在家中就遊賞瓦倫西亞水族館（A）與威尼斯（B），以及其他更多地方。

對超智慧人工智慧可能構成的潛在威脅，
時時保持警戒與關注
（無論這些威脅看起來多麼遙不可及），
就能敦促人工智慧研究者仔細檢查
人工智慧的安全性，
並在第一時間防範這種危險的發生。

人工智慧與人類的未來緊密連結。
雖然還不清楚那會是個烏托邦，或災難一場，
但具有道德感、主體性與意志力的人類，
必須負起責任引導人工智慧邁向更光明的明天。

在開放與智慧兼具的論述環境中，
人工智慧並不會取代我們，
反而會全然將人類帶往更好的境地。

延伸閱讀

阿杰・艾格拉瓦、約書亞・格恩斯、阿維・高德法布，《AI經濟的策略思維：善用人工智慧的預測威力，做出最佳商業決策》（天下雜誌，2018）

詹姆斯・巴拉特，《我們最後的發明──人工智能與人類時代的終結》（簡中版；電子工業出版社，2016）

尼克・伯斯特隆姆，《超智慧：出現途徑、可能危機，與我們的因應對策》（八旗文化，2016）

艾瑞克・布林優夫森、安德魯・麥克費，《第二次機器時代：智慧科技如何改變人類的工作、經濟與未來？》（天下文化，2014）

瑞塔・卡特，《大腦的祕密檔案》（遠流，2011）

布萊恩・克里斯汀，《人性較量：我們憑什麼勝過人工智慧？》（行路，2018）

布萊恩・克里斯汀、湯姆・葛瑞菲斯，《決斷的演算：預測、分析與好決定的11堂邏輯課》（行路，2017）

Dayan, Peter and Abbott, Laurence F., Theoretical Neurosci ence: Computational and Mathematical Modeling of Neural Systems (Massachusetts: MIT Press, 2005)

佩德羅・多明戈斯，《大演算：機器學習的終極演算法將如何改變我們的未來，創造新紀元的文明？》（三采，2016）

喬治・戴森，《圖靈的大教堂：數字宇宙開啟智能時代》（簡中版；浙江人民出版社，2015）

馬丁・福特，《被科技威脅的未來：人類沒有工作的那一天》（天下雜誌，2016）

Gazzaniga, Michael, The Consciousness Instinct: Unraveling the Mystery of How the Brain Makes the Mind (New York: Farrar, Straus and Giroux, 2018)

詹姆斯・葛雷易克，《資訊：一段歷史、一個理論、一股洪流》（衛城出版，2011）

Ian Goodfellow、Yoshua Bengio、Aaron Courville，《深度學習》（碁峰資訊，2019）

Jeff Hawkins、Sandra Blakeslee，《創智慧 - 理解人腦運作，打造智慧機器》（遠流，2006）

Hofstadter, Douglas, Gödel, Escher, Bach: An Eternal Golden Braid (New York: Basic Books, 1979)

希拉・賈薩諾夫，《發明的倫理：技術與人類未來》（簡中版；中國人民大學出版社，2018）

Juma, Calestous, Innovation and Its Enemies: Why People Resist New Technologies (Oxford: OUP, 2016)

丹尼爾・康納曼，《快思慢想》（遠流，2012）

加來道雄，《2050科幻大成真：超能力、心智控制、人造記憶、遺忘藥丸、奈米機器人即將改變我們的世界》（時報文化，2015）

雷・庫茲威爾，《人工智慧的未來：揭露人類思維的奧祕》（經濟新潮社，2015）

李開復，《AI新世界：中國、矽谷和AI七巨人如何引領全球發展》（天下文化，2018）

史蒂芬‧李維，《Google 總部大揭密：Google 如何思考？如何運作？如何形塑你的生活》（財信出版，2011）

約翰‧馬爾科夫，《與機器人共舞》（簡中版；浙江人民出版社，2015）

約翰‧馬可夫，《PC 迷幻紀事》（大塊文化，2006）

馬文‧明斯基，《情感機器：人類思維與人工智能的未來》（簡中版；浙江人民出版社，2016）

尼可列利斯，《念力：讓腦波直接操控機器的新科技‧新世界》（天下文化，2012）

史都華‧羅素、彼得‧諾維格，《人工智能：一種現代的方法》（簡中版；清華大學出版社，2013）

凱西‧歐尼爾，《大數據的傲慢與偏見：一個「圈內數學家」對演算法霸權的警告與揭發》（大寫，2017）

羅杰‧彭羅斯，《皇帝新腦》（簡中版；湖南科學技術出版社，2018）

史帝芬‧品克，《心智探奇》（台灣商務，2006）

拉傑什‧拉奧，《腦機接口導論》（簡中版；機械工業出版社，2016）

托馬斯‧瑞德，《機器崛起》（簡中版；機械工業出版社，2017）

亞歷克‧羅斯，《未來產業》（天下文化，2016）

強納森‧羅森柏格、艾力克‧施密特，《Google 模式：挑戰瘋狂變化世界的經營思維與工作邏輯》（天下雜誌，2014）

托比‧西格蘭，《集體智慧編程》（電子工業出版社，2015）

特倫斯‧謝諾夫斯基，《深度學習：智能時代的核心驅動力量》（簡中版；中信出版社，2019）

承現峻，《打敗基因決定論：一輩子都可以鍛鍊大腦！》（時報出版，2014）

奈特‧席佛，《精準預測：如何從巨量雜訊中，看出重要的訊息？》（三采，2013）

賽斯‧史蒂芬斯—大衛德維茲，《數據、謊言與真相：Google 資料分析師用大數據揭露人們的真面目》（商周出版，2017）

鐵馬克，《Life 3.0：人工智慧時代，人類的蛻變與重生》（天下文化，2018）

喬治‧扎卡達基斯，《人類的終極命運：從舊石器時代到人工智能的未來》（簡中版；中信出版社，2017）

圖片出處

出版社方（Thames & Hudson）已竭力找出並釐清書中圖片及其他素材的版權出處。惟如有疏漏或誤植，作者與出版者在此致歉；未來會於再版或改版時修正。

a = 上, b = 下,
c = 中, l = 左, r = 右

2 Intel Corporation
4-5 Velodyne LIDAR
6-7 Kazuhiro Nogi / AFP / Getty Images
8 Brett Jones
9 a Reuters / Stephen Lam
9 b Reuters / Elijah Nouvelage
10 Jim Watson / AFP / Getty Images
11 Gaurav Oberoi, goberoi.com
12 ZUMA Press, Inc. / Alamy Stock Photo
13 Antoine Rosset / Science Photo Library
14 Isaac Lawrence / AFP / Getty Images
15 l Stephan Zirwes / Getty Images
15 r lsannes / Getty Images
16-17 Science History Images / Alamy Stock Photo
18 U.S. Army. Photo Harold Breaux
19 Chuck Painter / Stanford News Service
20 Gottfried Wilhelms Baron von Leibnitz, Mathematischer Beweis Der Erschaffung und Ordnung Der Welt In einem Medallion, 1734. Eberhard Karls Universität Tübingen, Germany
21 The Royal Society, London

22 a SSPL / Getty Images
22 b Dan Winters
24-25 SSPL / Getty Images
26-27 Courtesy Victor Scheinman and the Stanford CSD Robotics Group
29 SRI International
30 Calspan Corporation, Buffalo, NY
32 H. Armstrong Roberts / Getty Images
33 © Richard Kalvar / Magnum Photos
34 TASS / Topfoto
35 Roger Ressmeyer / Corbis / VCG / Getty Images
36-37 Google LLC
38-39 VCG / Getty Images
40-41 Courtesy Jon Rafman and Google LLC
42 Courtesy www.asimovinstitute.org / neural-network-zoo/
43 Google LLC
44 Tomohiro Ohsumi / Bloomberg via Getty Images
45 Christopher Hefele
47 Netflix Inc.
48 Krister Soerboe / Bloomberg via Getty Images
49 a Chris Ratcliffe / Bloomberg via Getty Images
49 b Artem Smirnov
50 Quanergy Systems, Inc.
52 Deepmind Technologies
53 Emo Todorov
54 Atari, S.A.
55 Neural scene representation and rendering, by S. M. Ali Eslami & Danilo J. Rezende,

2018
56 Volvo Group
57 Tim Rue / Bloomberg via Getty Images
58 Insilico Medicine, insilico.com
59 Imagebreeder
61-61 BSIP / UIG via Getty Images
62 Mike McGregor / Contour by Getty Images
63 l PSYONIC
63 r Hanger Clinic Inc.
64-65 Reuters / Aly Song
66 Twice / JYP Entertainment Corporation
67 Twitter Inc.
68 VCG / Getty Images
69 a U.S. Marine Corps. Photo Sgt. Sarah Dietz
69 b U.S. Navy. Photo John F. Williams
70 Aditya Khosla, Akhil Raju, Antonio Torralba, Aude Oliva, Massachusetts Institute of Technology
71 Marco Túlio Ribeiro
72 Courtesy Christoph Molnar
73 © 2008 Hagmann et al
74 IBM. Photo Connie Zhou
75 The Felix Project, Johns Hopkins Kimmel Cancer Center
76 Ford Foundation Public Interest Technology Campaign, https://twitter.com/fordfoundation/status/10624541638067978
78 Twitter Inc. / @realDonaldTrump
79 The Rise of Social Bots, by Emilio Ferrara, Onur Varol,

Clayton Davis, Filippo Menczer, Alessandro Flammini. Communications of the ACM, July 2016, Vol. 59 No. 7, Pages 96–104, 10.1145 / 2818717. Observatory on Social Media (OSoMe). Center for Complex Networks and Systems Research (CNetS) at Indiana University
80–81 Reuters / Thomas Peter
82 a Reuters / Kim Kyung-Hoon
82 b Andrea Pistolesi / Getty Images
83 Eye in the Sky: Real-time Drone Surveillance System (DSS) for Violent Individuals Identification using ScatterNet Hybrid Deep Learning Network, by Amarjot Singh, Devendra Patil and S. N. Omkar
84 Gianluca Mauro - AI Academy
85 Hans Lõugas
86 MIT Robot Locomotion Group
88 OpenAI
89 a Blizzard Entertainment Inc.
90 a Dr. Brenden Lake, Dr. Todd Gureckis & Anselm Rothe
91 Soul Machines Ltd / Laboratory for Animate Technologies, Auckland Bioengineering Institute, The University of Auckland, New Zealand
92–93 Courtesy the USC Laboratory of Neuro Imaging and Athinoula A. Martinos Center for

Biomedical Imaging, Consortium of the Human Connectome Project - www.humanconnectomeproject.org
94 l Alessandro Di Ciommo / NurPhoto via Getty Images
94 r Hitoshi Yamada / NurPhoto via Getty Images
95 l Kyodo News via Getty Images
95 r Anthony Kwan / Bloomberg via Getty Images
96 NYU School of Medicine, New York
97 a University of Waterloo, Ontario
97 b Joe Raedle / Getty Images
98 Reuters / Pichi Chuang
99 Reuters / Thomas White
100 Yoshio Tsunoda / AFLO / Press Association Images
101 Magali Girardin / Epa / REX / Shutterstock
102 AFP / Getty Images
103 Case IH, CNH Industrial N.V.
104 Kazuhiro Nogi / AFP / Getty Images
105 AF archive / Alamy Stock Photo
106–107 Intel Corporation
108–109 Dr. Dharmendra S. Modha
110 Retina Implant AG
111 John B. Carnett / Popular Science via Getty Images
112 U.S. Army Research Laboratory
113 Google LLC
114 a Rethink Robotics
114 b Pieter Abbeel Lab, UC Berkeley

116 l Dr Thomas Schultz
116 r, 117 l Courtesy the USC Laboratory of Neuro Imaging and Athinoula A. Martinos Center for Biomedical Imaging, Consortium of the Human Connectome Project - www.humanconnectomeproject.org
118 Alex Healing
119 Reuters / Kim Kyung-Hoon
120 Moley Robotics
121 a AF archive / Alamy Stock Photo
121 b Moviestore Collection Ltd / Alamy Stock Photo
122–123 © Airbus SAS 2019 – All rights reserved
124 Reuters / Issei Kato
125 Google LLC
126–127 scanrail / 123rf.com
129 l Carl Court / AFP / Getty Images
129 r Courtesy Stop Killer Robots
130 l Giulia Marchi / Bloomberg via Getty Images
130 r AP / REX / Shutterstock
131 Nicolas Dupuis-Roy / Université de Montréal
132 Hello Games
133 Clayton A. Davis, Indiana University Center for Complex Networks and Systems Research
134–135 Timothy A. Clary / AFP / Getty Images

年表

公元前 1500-600 年	古代埃及、希臘與中國的工匠分別打造出人形的自動玩具。
公元前 3 世紀	希臘哲學家亞里斯多德（公元前 384-322 年）發明出史上第一個正式的推論系統「三段論邏輯」。
公元 1206 年	阿拉伯發明家加札利（Ismail al-Jazari，1136-1206）在他的《精巧機械裝置的知識之書》（*The Book of Knowledge of Ingenious Mechanical Devices*）中，描繪史上第一個可程式控制的機器人。
公元 15-16 世紀	歷史上首次發明出自動量測機器——「時鐘」。
公元 1651 年	英國哲學家湯瑪斯・霍布斯（Thomas Hobbes，1588-1679）出版《利維坦》，將人類心智比擬為機械的運作。
公元 1685 年	德國博學家萊布尼茲（Leibniz，1646-1716）發明第一台齒輪計算機，也進一步提出「理性思想能夠系統化」的想法。
公元 1763 年	貝葉斯的〈關於解答機率論的一個問題〉出版。這篇文章提出了貝氏定理：用數學方程式來讓後驗的新證據能校正先驗知識。
公元 1769 年	匈牙利工程師沃爾夫岡・馮・肯佩倫（Wolfgang von Kempelen，1734-1804）發明土耳其機器人（the Turk）。這台機器能自動下棋。
公元 1804 年	約瑟夫－馬利・雅卡爾（Joseph-Marie Jacquard，1752-1834）發明首台能透過打孔寫程式並運作的機器「雅卡爾織布機」。
公元 1832 年	查爾斯・巴貝奇（Charles Babbage）與艾達・勒弗雷斯（Ada Lovelace，1815-1852）提出假想的可由程式控制的計算機「分析引擎」。
公元 1879 年	德國數學家戈特洛布・弗雷格（Gottlob Frege）出版《概念文字》（*Begriffsschrift*），在書中介紹現代的命題邏輯（propositional logic）。
公元 1913 年	伯特蘭・羅素（Bertrand Russell，1872-1970）與阿弗列・諾斯・懷海德（Alfred North Whitehead，1861-1947）共同出版《數學原理》（*Principia Mathematica*），此書嚴謹探討了數學與邏輯學。
公元 1936 年	亞倫・圖靈（1912-1954）發明通用圖靈機，並在隔年證明決定性問題（Entscheidungsproblem）的不可計數性。
公元 1950 年	圖靈在論文《計算機器和智慧》中提出圖靈測驗。
公元 1956 年	為期八週、舉辦於新罕布夏州的達特茅斯論壇，催生了人工智慧概念的誕生。

公元1952-1962年	IBM的亞瑟・山繆爾（Arthur Samuel）開發出第一個能下棋的電腦程式；電腦以程式來下西洋跳棋（Draughts）。
公元1956-1957年	艾倫・紐厄爾（Allen Newell，1927-92）、賀伯特・西蒙（Herbert Simon，1916-2001）與約翰・克利佛・蕭（John Clifford Shaw，1922-91）對外展示最早的人工智慧程式「邏輯理論家」（Logic Theorist）與「通用解難器」（General Problem Solver）。
公元1958年	法蘭克・羅森布列特（Frank Rosenblatt，1928-1971）發明出感知器（Perceptron）。
公元1965年	麻省理工智能研究室的約瑟夫・魏森鮑姆（1923-2008）發明出能以簡單英文對話的互動程式ELIZA。
公元1966-1972年	史丹佛研究中心研發出薛奇機器人——首台泛用型行動機器人，搭載電腦視覺、目標導向的行動規畫與驅動能力。
公元1967-1974年	最早的實用專家系統，發展出來用在科學探索與醫療診斷上。
公元1982年	西方社會對人工智慧的興趣降低；此時日本推出第五代電腦系統計畫。
公元1989年	公元提姆・伯納斯－李（Tim Berners-Lee，1955-）發明網際網路。
公元1997年	IBM的深藍下棋程式在一共六場的比賽中，擊敗世界西洋棋的霸主蓋瑞・卡斯帕洛夫（Garry Kasparov）。
公元1998年	賴瑞・佩吉（Larry Page，1973-）與謝爾蓋・布林（Sergey Brin，1973-）創辦Google。
公元2015年	德爾福汽車（Delphi Automotive）所設計的自駕車完成首次橫越美國東、西岸的旅程。
公元2017年	DeepMind推出AlphaGo Zero，能在沒有人工輸入的情況下，學習如何以超越人的水準下圍棋。

致謝

我對 AI 的理解很大一部分得歸功於與 Andrej Karpathy 無數次的談話——沒有他，
就不會有這本書。我也非常感謝 Thames & Hudson 出版團隊的 Jane Laing、
Tristan de Lancey、Becky Gee 和 Phoebe Lindsley，
這些人的指導對我來說不可或缺；也多虧了他們，成書過程才會這麼順暢。
最後，感謝 Nick 付出的耐心，更在我最需要的時候，不吝給予支持和愛。

臉譜書房 FS0112
洋蔥式閱讀！當代關鍵議題系列

AI可不可以當總統或法官？機器人要不要繳稅？

思辨人類與人工智慧該如何共生

作　　者　范雪萊（Shelly Fan）
系列主編　馬修・泰勒（Matthew Taylor）
譯　　者　余韋達
編輯總監　劉麗真
責任編輯　許舒涵
行銷企劃　陳彩玉、陳紫晴、薛綸
排　　版　莊恒蘭

發 行 人　涂玉雲
總 經 理　陳逸瑛

出　　版
臉譜出版
台北市中山區 104 民生東路二段 141 號 5 樓
電話：886-2-25007696　傳真：886-2-25001592

發　　行
英屬蓋曼群島商家庭傳媒股份有限公司城邦分公司
台北市中山區民生東路二段 141 號 11 樓
客服服務專線：886-2-25007718；2500-7719
24 小時傳真專線：886-2-25001990；25001991
服務時間：週一至週五上午09:30-12:00；下午13:30-17:00
畫撥帳號：19863813;戶名：書虫股份有限公司
城邦花園網址：http://www.cite.com.tw
讀者服務信箱：service@readingclub.com.tw

香港發行所
城邦（香港）出版集團有限公司
香港灣仔駱克道193號東超商業中心1樓
電話：(852) 2508-6231　傳真：(852) 2578-9337

馬新發行所
城邦（馬新）出版集團【Cite(M) Sdn. Bhd. (458372U)】
41-1, Jalan Radin Anum, Bandar Baru Sri Petaling,
57000 Kuala Lumpur, Malaysia.
讀者服務信箱：services@cite.com.my

Published by arrangement with Thames & Hudson Ltd,
London, Will AI Replace Us? © 2019 Thames & Hudson
Ltd, London
General Editor: Matthew Taylor
Text © 2019 Shelly Fan
For image copyright information, see pp. 138–139.
This edition first published in Taiwan in 2020 by Faces
Publications, Taipei
Complex Chinese edition © 2020 Faces Publications

印　　刷　漾格科技股份有限公司
初版一刷　2020 年 4 月

ISBN　　978-986-235-825-2
定　　價　新台幣 320 元
版權所有・翻印必究
（Printed in Taiwan）
本書如有缺頁、破損、倒裝，請寄回更換

洋蔥式閱讀！當代關鍵議題系列：
AI可不可以當總統或法官？機器人要不要繳稅？
思辨人類與人工智慧該如何共生／
范雪萊 (Shelly Fan)、馬修‧泰勒 (Matthew Taylor) 著；
余韋達譯. －一版. －臺北市：臉譜，城邦文化出版：
家庭傳媒城邦分公司發行, 2020.04
　　面；公分. －(臉譜書房 112)
譯自 : Will AI Replace Us? A primer for the 21st century
ISBN 978-986-235-825-2(平裝)

1.資訊社會　2.人工智慧　3.技術發展
541.415.6　　　　　109003072